遺言実務に関する
民法改正の概要と相続対策

# 「遺言があること」の確認

監修
税理士 山本和義

執筆
税理士 赤松和弘
税理士 安東信裕
税理士 石川勝彦
税理士 奥西陽子
税理士 新谷達也
税理士 塚本和美
税理士 野田暢之

監修（民法部分）
弁護士 東信吾

TKC出版

# はじめに

　2015年（平成27年）の被相続人のうち相続税の課税対象となった人の割合はバブル期を上回り、現行課税方式の下では過去最高（2016年も過去最高を更新）となりました。「課税価格階級1億円超」の被相続人は前年からの3％増加に対し、「課税価格階級1億円以下」は2014年（平成26年）（相続税の基礎控除引下げ前）の4倍と格段に増加し、課税対象者の裾野が広がることによって影響は大きくなっています。また、課税割合が増加した地域は、大都市圏のみならず地方圏でも増えており、総じて相続税改正の影響は全国に広がっています。

　これまでごく一部の人しか対象にならなかった相続税も、課税対象者の裾野が広がることでより多くの人が意識するようになってきたと見られ、また、人口動態上、死亡者数の増加が続き相続が身近に起きていることで、相続及び相続税への関心が高まっています。

　さらに、1980年（昭和55年）に改正されて以来、大きな見直しがされてこなかった民法の相続に関する規定（相続法）が、高齢社会の実情を反映するために、「民法及び家事事件手続法の一部を改正する法律」及び「法務局における遺言書の保管等に関する法律」によって改正（2018年（平成30年）7月6日に可決・成立）されました。

　民法（相続法）の改正のうち、自筆証書遺言の方式緩和など遺言に関する改正は、遺言書が相続をめぐる紛争を防止することに役立つとの観点から行われました。また、自筆証書遺言書の活用に当たって問題とされていた隠匿、改ざん、検認などの事項については、自筆証書遺言書を法務局で保管する制度が創設されることによって問題点の解消が図られることになりました。

　そこで、本書は、遺言実務に関する民法改正の概要と、相続対策や終活を考える場合、避けて通ることができない「遺言書の書き方」や、「遺言書の有無による相続対策への影響」などについて、具体的に解説しています。

本書は、税理士法人FP総合研究所（大阪市中央区）のOB有志の税理士が分担して執筆しました。また、民法全般にわたる部分は、弁護士の東 信吾君に監修をしてもらいました。

　本書が遺言書の必要性を理解することに役立ち、遺言書を作成するきっかけの一助になれば望外の喜びです。

　なお、文中意見にわたる部分は私見ですので、念のため申し添えます。

令和元年7月

著者を代表して　税理士　山本和義

＊本書では、解説や設例の中で、民法の条文は改正後の条文を表記し、適用期間等の暦年表示については、令和元年5月1日以降の表示についても、法令の規定に従い、「平成○○年」と表記していますので、適宜読み替えをお願いします。

# 目次

## 第1章 自筆証書遺言の方式緩和と法務局における遺言書の保管制度

1. 自筆証書遺言の方式緩和 ... **2**
2. 法務局における自筆証書遺言の保管制度 ... **12**

## 第2章 遺留分制度の見直し

1. 遺留分制度の概要 ... **18**
2. 遺留分減殺請求権から遺留分侵害額請求権へ ... **22**
3. 遺留分侵害額の算定における債務の取扱いに関する見直し ... **35**
4. 遺留分の放棄 ... **36**

## 第3章 配偶者居住権

1. 配偶者短期居住権 ... **52**
2. 配偶者居住権 ... **54**
3. 配偶者居住権等の評価方法 ... **60**
4. 相続税等への影響 ... **66**

## 第4章 その他の民法改正

1. 持戻し免除の意思表示の推定 ... **74**
2. 特別寄与制度の創設 ... **79**
3. 相続の効力等に関する見直し ... **85**
4. 遺産分割前の払戻し制度の創設等 ... **90**
5. 遺産分割前に遺産に属する財産処分が行われた場合の遺産の範囲 ... **95**
6. 遺言執行者の権限の明確化 ... **97**

## 第5章 遺言書と相続税

1. 非上場株式等の相続と遺言 ———————————— **102**

2. 不動産オーナーの場合 ————————————————— **106**

3. 遺言書作成時に考慮すべき税のこと ——————————— **110**

4. 法人に対する遺贈 ————————————————————— **119**

5. 寄附をする ———————————————————————— **121**

## 第6章 遺言書作成の留意点

1. 遺言書の作成が望まれる場合 ————————————— **126**

2. 相続人がいない人の場合 ————————————————— **128**

3. どの方式の遺言にするか ————————————————— **129**

4. 何を書く必要があるか ——————————————————— **132**

5. 遺言書の撤回方法 ————————————————————— **139**

6. 争族防止のための遺言書作成のポイント10か条 ——— **141**

7. 夫婦の遺言書 ———————————————————————— **142**

8. 家族信託 ————————————————————————————— **151**

## 第7章 相続開始と相続税

1. 遺言書の検索と検認手続き ———————————————— **165**

2. 遺言書と異なる遺産相続 ————————————————— **175**

3. 遺留分侵害額の請求 ——————————————————— **184**

4. 特別寄与料の請求 ————————————————————— **187**

5. 相続発生後の相続税の軽減 ———————————————— **189**

### ■巻末資料

資料1 「遺贈に関する意識調査」日本財団調べ（一部抜粋） ——————— **200**

資料2 65歳以上の一人暮らしの者の動向 ————————————— **210**

資料3 世帯属性別にみた貯蓄・負債の状況 ———————————— **211**

資料4 遺言公正証書作成件数 —————————————————— **214**

資料5 家事審判・調停事件の事件別新受件数－全家庭裁判所（一部抜粋） ——— **215**

## 【民法（相続法）改正】

**■2019年（平成31年）1月13日施行**

・自筆証書遺言の方式緩和‥‥‥‥‥‥‥‥‥‥‥‥‥‥‥‥第1章　1

**■2019年（平成31年）7月1日施行**

・遺留分制度の見直し‥‥‥‥‥‥‥‥‥‥‥‥‥‥‥第2章　2・3

・持戻し免除の意思表示の推定‥‥‥‥‥‥‥‥‥‥‥‥第4章　1

・特別寄与制度の創設‥‥‥‥‥‥‥‥‥‥‥‥‥‥‥‥第4章　2

・相続の効力等に関する見直し‥‥‥‥‥‥‥‥‥‥‥‥第4章　3

・遺産分割前の払戻し制度の創設‥‥‥‥‥‥‥‥‥‥‥第4章　4

・遺産分割前に遺産に属する財産処分が

　行われた場合の遺産の範囲‥‥‥‥‥‥‥‥‥‥‥‥‥第4章　5

・遺言執行者の権限の明確化‥‥‥‥‥‥‥‥‥‥‥‥‥第4章　6

**■2020年（平成32年）4月1日施行**

・配偶者短期居住権‥‥‥‥‥‥‥‥‥‥‥‥‥‥‥‥‥第3章　1

・配偶者居住権‥‥‥‥‥‥‥‥‥‥‥‥‥‥‥‥‥‥‥第3章　2

## 【法務局における遺言書の保管等に関する法律】

**■2020年（平成32年）7月10日施行**

・法務局における自筆証書遺言の保管制度の創設‥‥‥‥‥第1章　2

＊「平成」に関する表記は法令の規定に従っています。適宜読み替えてください。

本書における法令等の略号は以下のとおりです。

| 略号例 | 法令等 |
|---|---|
| 民法968① | 民法第968条第1項 |
| 遺言書保管法1 | 法務局における遺言書の保管等に関する法律第1条 |
| 平成30年法律第72号附則10② | 民法及び家事事件手続法の一部を改正する法律附則第10条第2項 |
| 相法21の6 | 相続税法第21条の6 |
| 相令5の8①三 | 相続税法施行令第5条の8第1項第3号 |
| 相規12の3 | 相続税法施行規則第12条の3 |
| 措法69の4① | 租税特別措置法第69条の4第1項 |
| 措令40の2⑥ | 租税特別措置法施行令第40条の2第6項 |

# 自筆証書遺言の方式緩和と
# 法務局における遺言書の保管制度

　この章では、平成30年の民法改正による、「自筆証書遺言の方式緩和」及び「法務局における遺言書の保管制度創設」の概要について解説することとします。

　今回の自筆証書遺言に関する民法改正は、遺言の利用促進と相続争い防止の観点から行われました。

　「相続税法の特例」を適用するには、定められた期限までに遺産分割協議が調うことを要件とするものが多くあり、遺産分割協議が紛糾すると税制上の特例の適用を受けられなくなります。遺言書は、相続争いを防止するだけでなく、相続税の特例の適用にも役立つのです。愛するご家族があなたの想いをしっかりと受け止め、築き上げた大切な財産を税制上有利に承継するために、遺言書の活用をぜひお勧めします。

　税理士・ファイナンシャルプランナー・金融機関の方などには、遺言書作成指導や財産目録作成は新たなサービスとして、付加価値向上が期待できます。

# 1 自筆証書遺言の方式緩和

## 1 改正の概要

　自筆証書遺言では、遺言者が遺言書の全文、日付、氏名を自書（自ら書くこと）して、これに印を押さなければならないものと定められています [民法968①]。また、自筆証書中の加除その他の変更は、遺言者が、その場所を指示し、これを変更した旨を付記して特にこれに署名し、かつ、その変更の場所に印を押さなければ、その効力を生じない [改正前民法968②] とされていますので、従前の方式では、所有財産が多ければ多いほど労力がかかりました。

　今回の民法改正によって、財産については、財産目録として、別紙にパソコンでの一覧作成や、謄本そのものを添付するなどの方法が認められました（10頁Q5参照）。ただし、自書によらない財産目録を添付する場合は、遺言者は、その財産目録の各頁に署名押印をしなければならない [民法968②] とされています（**図表1-1**）。

　しかし、自筆証書（財産目録を含む）中の加除その他の変更は、遺言者が、その場所を指示し、これを変更した旨を付記して特にこれに署名し、かつ、その変更の場所に印を押さなければ、その効力を生じない [民法968③]、とする点の改正はありません。

　自筆証書遺言の方式の緩和については、既に平成31年（2019年）1月13日に施行されており、同日以降に自筆証書遺言をする場合には、新しい方式に従って遺言書を作成します。

　なお、同日よりも前に、新しい方式に従って自筆証書遺言を作成していても、その遺言は無効となりますので注意してください。

　今後は、自筆証書遺言の作成に当たり、財産目録を別紙にする方法などによって作成されるものが多くなると思われます（**図表1-2**）。

## 図表 1-1　自筆証書遺言の方式緩和のメリット

**従来制度**　自筆証書遺言を作成する場合には全文自書する必要がある。

**改正によるメリット**　自書によらない財産目録を添付することができる。

出典：法務省「相続に関するルールが大きく変わります」より作成

## **2　自筆証書遺言の作成**

　自筆証書遺言を作成する場合は、以下の点に注意して記載します。

### （1）受遺者の名前

　同姓同名が存在する可能性もあるため、受遺者の名前だけではなく、遺言者との続柄や受遺者の生年月日を付記することが基本です（図表1-2第1〜3条）。

### （2）金融資産

　金融資産は、遺言書作成時から遺言者の死亡までの間に、取引金融機関の変更や金額の増減などが考えられるため、金融機関を特定せず、相続開始時の金融資産を換金・処分して現金化し、それを持分で相続させるように記載する方法が無難です（図表1-2第1条）。

### （3）債務及び葬式費用

　遺言者の債務及び葬式費用などについて、誰がどのように負担するのかについても言及しておくことが賢明です（図表1-2第1条）。

### （4）その他の財産

　遺言書に書き切れない財産については、一括して相続させる人を指定しておくようにします（図表1-2第4条）。

### （5）遺言執行者

　遺言執行者を指定しておきます（図表1-2第5条）。遺言執行者の定めがあれば、遺贈の履行は、遺言執行者のみが行うことができます［民法1012②］。

### （6）補充遺贈

　受遺者が遺言者の配偶者や兄弟姉妹の場合には、遺言者よりも先に死亡することも想定されることから、補充遺贈をしておくことが望ましいと考えられます（図表1-2第6条）。

| 図表 1-2 | 自筆証書遺言書本文の見本（全文自書） |

## 遺 言 書　　　　（自筆証書遺言の見本）

遺言者・法務五郎は、以下のとおり遺言する。

第1条　遺言者は、遺言者の有する現金、預貯金、上場株式、投資信託及び有価証券を、遺言執行者によって解約・換金処分し、遺言者の債務及び葬式費用を控除した残額（第2条において「現金等の残額」という）を、長女・○○夏子（昭和○○年○月○日生まれ）及び二男・法務秋夫（昭和○○年○月○日生まれ）に、それぞれ1/2（1人当たり5,000万円を上限とする）ずつ相続させる。

第2条　妻・冬子（昭和○○年○月○日生まれ）に、別紙一の不動産及び第1条の現金等の残額が1億円を超える場合には、その超える金額を相続させる。

第3条　長男・法務太郎（昭和○○年○月○日生まれ）に、別紙二の不動産及び別紙三のゴルフ会員権を相続させる。

第4条　遺言者は、遺言者の有する前条までに記載した財産を除くその余の財産全部を、前記妻・冬子に相続させる。

第5条　遺言執行者として前記法務太郎を指定する。遺言執行者に対して遺言執行に必要な一切の権限（貸金庫の開扉、内容物の受領、貸金庫契約の解約等を含む）を付与する。

第6条　遺者は、前記妻・冬子が遺言者の死亡以前に死亡していた場合は、第2条及び第4条により同人に相続させるとした財産全部を、前記法務太郎に相続させる。

令和元年7月1日

大阪市北区○○○1丁目2番3号

遺言者　法務　五郎　㊞

第1章　自筆証書遺言の方式緩和と法務局における遺言書の保管制度

## 別紙目録の見本（署名部分のみ自書）

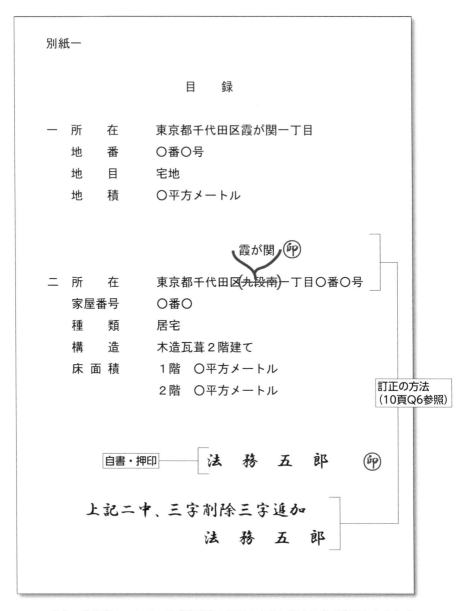

出典：法務省ホームページ「遺言書の訂正の方法に関する参考資料」より作成

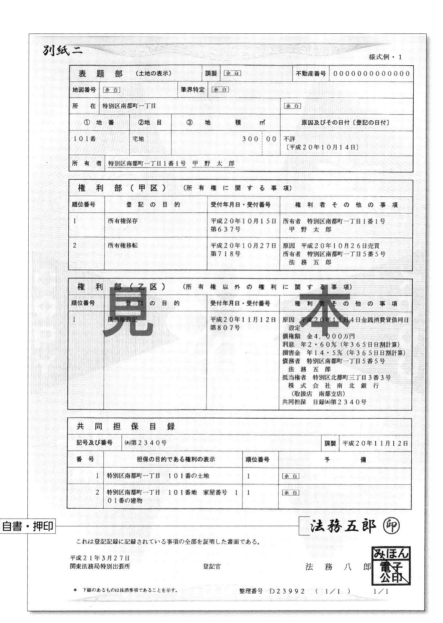

出典：法務省ホームページ「遺言書の訂正の方法に関する参考資料」より作成

別紙三


目　　録


　私名義の「茨木高原カンツリー倶楽部」（大阪府茨木市〇〇
123 番地）のゴルフ会員権（会員番号 456 番）


自書・押印　　　　　　　　　　　　　法　務　五　郎　㊞

参考資料1 　法務省の自筆証書遺言の方式緩和についてのQ&A

　自筆証書遺言の方式緩和について、法務省の作成したQ&Aで、改正の概要及び作成の留意点などを確認することとします。

### Q1　改正の概要はどのようなものですか？

**A1**　民法第968条第1項は、自筆証書遺言をする場合には、遺言者が、遺言書の全文、日付及び氏名を自書（自ら書くことをいいます。）して、これに印を押さなければならないものと定めています。今回の改正によって新設される同条第2項によって、自筆証書によって遺言をする場合でも、例外的に、自筆証書に相続財産の全部又は一部の目録（以下「財産目録」といいます。）を添付するときは、その目録については自書しなくてもよいことになります。自書によらない財産目録を添付する場合には、遺言者は、Q4のとおり、その財産目録の各頁に署名押印をしなければならないこととされています。

### Q2　財産目録はどのようなときに作成するのですか？

**A2**　遺言書には、しばしば、「○○をAに遺贈する。」とか「△△をBに相続させる。」といった記載がされます。遺言者が多数の財産について遺贈等をしようとする場合には、例えば、本文に「別紙財産目録1記載の財産をAに遺贈する。」とか「別紙財産目録2記載の財産をBに相続させる。」と記載して、別紙として財産目録1及び2を添付するのが簡便です。このように、遺贈等の目的となる財産が多数に及ぶ場合等に財産目録が作成されることになるものと考えられます。

### Q3　財産目録の形式に決まりはありますか？

**A3**　目録の形式については、署名押印のほかには特段の定めはありません。したがって、書式は自由で、遺言者本人がパソコン等で作成してもよいですし、遺言者以外の人が作成することもできます。また、例えば、土地について登記事項証明書を財産目録として添付することや、預貯金について通帳の写しを添付することもできます。いずれの場合であっても、Q4のとおり、財産目録の各頁に署名押印する必要がありますので、注意してください。

## Q4 財産目録への署名押印はどのようにしたらよいのですか？

**A4** 改正後の民法第968条第2項は、遺言者は、自書によらない財産目録を添付する場合には、その「毎葉（自書によらない記載がその両面にある場合にあっては、その両面）」に署名押印をしなければならないものと定めています。つまり、自書によらない記載が用紙の片面のみにある場合には、その面又は裏面の1か所に署名押印をすればよいのですが、自書によらない記載が両面にある場合には、両面にそれぞれ署名押印をしなければなりません。押印について特別な定めはありませんので、本文で用いる印鑑とは異なる印鑑を用いても構いません。

## Q5 財産目録の添付の方法について決まりはありますか？

**A5** 自筆証書に財産目録を添付する方法について、特別な定めはありません。したがって、本文と財産目録とをステープラー等でとじたり、契印したりすることは必要ではありませんが、遺言書の一体性を明らかにする観点からは望ましいものであると考えられます。なお、今回の改正は、自筆証書に財産目録を「添付」する場合に関するものですので、自書によらない財産目録は本文が記載された自筆証書とは別の用紙で作成される必要があり、本文と同一の用紙に自書によらない記載をすることはできませんので注意してください。

## Q6 自書によらない財産目録の中の記載を訂正する場合にはどのようにしたらよいのですか？

**A6** 自書によらない財産目録の中の記載を訂正する場合であっても、自書による部分の訂正と同様に、遺言者が、変更の場所を指示して、これを変更した旨を付記してこれに署名し、かつ、その変更の場所に印を押さなければ、その効力を生じないこととされています。

出典：法務省ホームページ「自筆証書遺言に関するルールが変わります」

**参考資料2** 公正証書遺言と自筆証書遺言方式の相違点

| | 公正証書遺言方式 | 自筆証書遺言方式 |
|---|---|---|
| 作成者と作成方法 | 遺言者の意思を確認して公証人が作成 | 本文部分は遺言者が自書し、財産目録は自書以外も可 |
| 保管制度 | 公証役場で保管 | 遺言者自らが法務局に出向き、法務局で保管※ |
| 撤回方法 | 公証役場から遺言書の返還を受けることはできないため、他の遺言書で撤回の意思表示を行う | 法務局に預けている遺言書の返還を受け、廃棄して撤回することもできる※ |
| 安全性 | 公証人が関与することから、無効になる可能性が低い | 遺言の内容や遺言者の意思について、紛争になる可能性が公正証書遺言と比較して高い |

※法務局における自筆証書遺言の保管制度は、平成32年（2020年）7月10日施行となります。

■民法第968条（自筆証書遺言）の新旧対照表

| 改正後 | 改正前 |
|---|---|
| （自筆証書遺言）<br>第968条　自筆証書によって遺言をするには、遺言者が、その全文、日付及び氏名を自書し、これに印を押さなければならない。 | （自筆証書遺言）<br>第968条<br>（同左） |
| 2　前項の規定にかかわらず、自筆証書にこれと一体のものとして相続財産（第997条第1項に規定する場合における同項に規定する権利を含む。）の全部又は一部の目録を添付する場合には、その目録については、自書することを要しない。この場合において、遺言者は、その目録の毎葉（自書によらない記載がその両面にある場合にあっては、その両面）に署名し、印を押さなければならない。 | （新設） |
| 3　自筆証書（前項の目録を含む。）中の加除その他の変更は、遺言者が、その場所を指示し、これを変更した旨を付記して特にこれに署名し、かつ、その変更の場所に印を押さなければ、その効力を生じない。 | 2　自筆証書中の加除その他の変更は、遺言者が、その場所を指示し、これを変更した旨を付記して特にこれに署名し、かつ、その変更の場所に印を押さなければ、その効力を生じない。 |

# 2 法務局における自筆証書遺言の保管制度

　現在の高齢化の進展等の社会経済情勢の変化に鑑み、相続をめぐる紛争を防止するという観点から、法務局において自筆証書遺言に係る遺言書を保管する制度が新たに設けられました。法務局という公的機関で自筆証書遺言が保管されることにより、作成した遺言が確実に保護されることになったのです。

## 1 制度創設の背景

　これまで、自筆証書遺言は遺言者自身が自宅で保管することが多く、下記のような様々なリスクを伴い、せっかく作り上げた遺言書を確実に執行させるための保証がありませんでした。

---

**【現在の保管上の問題点】**
- 遺言書が紛失・亡失する恐れがある。
- 相続人により遺言書の廃棄、隠匿、改ざんが行われる恐れがある。
- 上記の問題により相続をめぐる紛争が生じる恐れがある。

---

　そこで、その対応策として、公的機関である法務局において遺言書を保管する制度が創設されました（**図表1-3**）。

---

**【法務局で保管する利点】**
- 全国一律のサービスを提供できる。
- プライバシーを確保できる。
- 相続登記の促進につなげることが可能。

---

　法務局における遺言書の保管等に関する法律（以下「遺言書保管法」）は、平成32年（2020年）7月10日に施行されます。

**図表 1-3** 法務局における自筆証書遺言に係る遺言書の保管制度

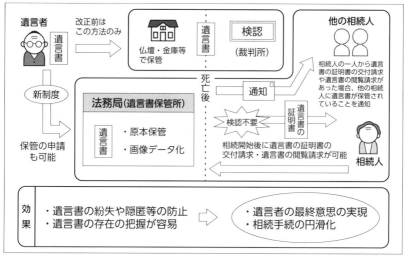

出典：法務省ホームページ「法務局における遺言書の保管等に関する法律について」より作成

## 2 遺言書保管法の概要

### （1）遺言書の保管の申請

①保管の申請の対象となるのは、民法第968条の自筆証書によってした遺言（自筆証書遺言）に係る遺言書のみです[**遺言書保管法1**]。
　また、遺言書は、封のされていない、法務省令で定める様式に従って作成されたものでなければなりません[**遺言書保管法4②**]。

②遺言書の保管に関する事務は、法務局のうち法務大臣の指定する法務局（遺言書保管所）において、遺言書保管官として指定された法務事務官が取り扱います[**遺言書保管法2、3**]。

③遺言書の保管の申請は、遺言者の住所地もしくは本籍地又は遺言者が所有する不動産の所在地を管轄する遺言書保管所の遺言書保管官に対してすることができます[**遺言書保管法4③**]。

④保管の申請をしようとする遺言者は、遺言書に添えて、次に掲げる事項を記載した申請書を遺言書保管官に提出しなければなりません。

　１）遺言書に記載されている作成の年月日

２）遺言者の氏名、出生の年月日、住所及び本籍（外国人にあっては、国籍）

３）遺言書に次に掲げる者の記載があるときは、その氏名又は名称及び住所

　　ａ．受遺者

　　ｂ．遺言執行者

４）上記１）～３）に掲げるもののほか、法務省令で定める事項

　　また、申請書には、遺言者の氏名等に関する事項を証明する書類その他法務省令で定める書類を添付しなければなりません［**遺言書保管法4④⑤**］。

⑤遺言書の保管の申請は、遺言者が遺言書保管所に自ら出頭して行わなければなりません。その際、遺言書保管官は、申請人が本人であるかどうかの確認をします［**遺言書保管法4⑥、5**］。

## （2）遺言書保管官による遺言書の保管及び情報の管理

　保管の申請がされた遺言書については、遺言書保管官が、遺言書保管所の施設内において原本を保管するとともに、その画像情報等の遺言書に係る情報を管理することとなります［**遺言書保管法6①、7①②**］。

## （3）遺言者による遺言書の閲覧、保管の申請の撤回

①遺言者は、保管されている遺言書について、その閲覧を請求することができ、また、遺言書の保管の申請を撤回することができます［**遺言書保管法6②、8①**］。

　　保管の申請が撤回されると、遺言書保管官は、遺言者に遺言書を返還するとともに遺言書に係る情報を消去します［**遺言書保管法8④**］。

②遺言者の生存中は、遺言者以外の方は、遺言書の閲覧等を行うことはできません［**遺言書保管法9**］。

## （4）遺言書の保管の有無の照会及び相続人等による証明書の請求等

①特定の死亡している者について、自己（請求者）が相続人、受遺

14

者等となっている遺言書が遺言書保管所に保管されているかどうかを証明した書面（遺言書保管事実証明書）の交付を請求することができます［**遺言書保管法10**］。

②遺言者の相続人、受遺者等は、遺言者の死亡後、遺言書の画像情報等を用いた証明書（遺言書情報証明書）の交付請求及び遺言書原本の閲覧請求をすることができます［**遺言書保管法9①③**］。

③遺言書保管官は、遺言書情報証明書を交付し又は相続人等に遺言書の閲覧をさせたときは、速やかに、当該遺言書を保管している旨を遺言者の相続人、受遺者及び遺言執行者に通知します［**遺言書保管法9⑤**］。

　なお、遺言書保管官の遺言書を保管している旨の通知については、遺言者が保管の申請をした際の申請書及びその添付書面から得た情報や、相続人等が遺言書情報証明書の交付請求や閲覧請求をする際に提出しなければならない請求書及びその添付書面から得られた情報等に基づき、遺言者の死亡に係る事実、通知すべき先を把握し、通知を行うこととしています。

　申請書や請求書の記載事項や添付書面の内容は、法務省令で定められることとなりますが、保管の申請書に受遺者や遺言執行者の住所の記載を求めること、遺言書情報証明書の交付請求や遺言書の閲覧請求の請求書に相続人の住所の記載を求めること、これらの請求の添付書面として遺言者の相続人を明らかにする戸籍謄本の提出を求めること等を予定しています。


## （5）遺言書の検認の適用除外

　遺言書保管所に保管されている遺言書については、遺言書の検認［**民法1004①**］の規定は、適用されません［**遺言書保管法11**］。


## （6）手数料

　遺言書の保管の申請、遺言書の閲覧請求、遺言書情報証明書又は遺言書保管事実証明書の交付の請求をするには、手数料を納める必要があります［**遺言書保管法12**］。

# 遺留分制度の見直し

　この章では、遺留分制度の見直しについて、その概要と実務上の留意点を解説することとします。

　改正前の民法では、遺留分減殺請求権を行使することによって、当然に物権的効果が生ずることとされていました。

　そのため、遺留分減殺請求権の行使によって、遺留分権利者と受遺者等（受贈者を含む）が不動産等の共有状態になることが多く、共有関係の解消をめぐって新たな訴訟が生じたり、円滑な事業承継の妨げとなったりしていました。

　そこで、遺留分減殺請求制度を見直し、遺留分に関する権利の行使により、遺留分侵害額相当額の金銭債権が発生することとされました。

# 1 遺留分制度の概要

　遺言書は遺言者が自由に書くことができますが、民法上は、兄弟姉妹以外の相続人に最低限度の相続分として、遺留分制度を設けています。

　遺留分とは、被相続人の一定の相続人のために、法律上必ず留保されなければならない相続財産のうち、一定割合をいいます。もっとも、遺留分を侵害した贈与や遺贈などの無償の処分は、法律上無効となるわけではなく、遺留分に関する権利の行使によって、遺留分権利者が遺留分侵害額に相当する金銭債権の対象になるにすぎません。

　私有財産制社会では、自らの財産を生前や死後においても自由に処分できるのが建前ですが、これを無条件に認めると、配偶者や子など遺族の生活保障や、相続人による被相続人の財産形成への有形無形の寄与が全く考慮されないことになります。遺留分制度は、被相続人と相続人の両者にとって利益を調整しようとするものです。

## 1 遺留分権利者

　遺留分権利者とは、兄弟姉妹以外の相続人をいいます。具体的には、配偶者、子、直系尊属のみが遺留分権利者となります。また、子の代襲相続人も子と同じ遺留分を持ち、胎児の場合も生まれれば子としての遺留分を持ちます。

## 2 遺留分の割合

### （1）総体的遺留分の割合

　総体的遺留分とは、遺留分権利者全員に割り当てられる遺留分をいいます。総体的遺留分の割合は、相続人のうち兄弟姉妹には遺留分はなく、直系尊属のみが相続人である場合には３分の１、それ以外の場合には２分の１となっています（**図表2-1**）。

18

## （2）個別的遺留分の割合

　個別的遺留分とは、個々の遺留分権利者に認められる具体的な遺留分をいいます。遺留分権利者である相続人が複数いるときは、（1）の「総体的遺留分の割合」に、個々の相続人の法定相続分を乗じたものがその相続人の遺留分の割合となります（**図表2-2**）。また、個別的遺留分を算定する際には、寄与分は考慮されません。

**図表 2-1**　**総体的遺留分の割合**

| 法定相続人 | 遺留分 |
|---|---|
| 配偶者と子（直系卑属） | 被相続人の財産の1／2 |
| 配偶者と親（直系尊属） | |
| 配偶者のみ | |
| 子（直系卑属）のみ | |
| 親（直系尊属）のみ | 被相続人の財産の1／3 |
| 兄弟姉妹 | 遺留分の権利はありません |

**図表 2-2**　**個別的遺留分の割合**

| 遺留分権利者 | 法定相続割合 |
|---|---|
| 配偶者と子 | 配偶者1／2・子1／2（複数人いる場合は均等） |
| 配偶者と親 | 配偶者2／3・親1／3（複数人いる場合は均等） |
| 配偶者のみ | 配偶者すべて |

注）配偶者がいない場合には相続順位の順番に相続し、相続人が複数人いる場合には均分の相続分になります。

【具体例】
①配偶者と子3人が相続人の場合
　配偶者の遺留分割合　　1/2×1/2＝1/4
　子の遺留分割合　　　　1/2×（1/2×1/3）＝1/12
②配偶者と父が相続人の場合
　配偶者の遺留分割合　　1/2×2/3＝1/3
　父の遺留分割合　　　　1/2×1/3＝1/6
③配偶者と兄弟姉妹が相続人の場合
　配偶者の遺留分割合　　1/2
　兄弟姉妹の遺留分割合　0×1/4＝0（遺留分はありません）

## （3）遺留分の計算方法

### ①遺留分算定の基礎となる財産の範囲

　遺留分算定の基礎となる財産の価額は、被相続人が、相続開始の時（被相続人の死亡の時）において有していた財産の価額に贈与した財産の価額を加え、債務の全額を控除して求めます。

図表 2-3　遺留分権利者が配偶者や子などである場合の遺留分の計算

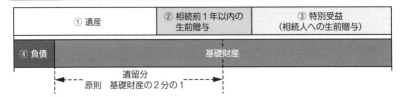

注1：相続開始の1年前の日より前にした贈与でも、当事者双方が遺留分権利者に損害を与えることを知って行ったものは算入されます［民法1044①］。
注2：生前贈与が相続人に対して行われ、それが特別受益に該当する場合でも、原則として10年以内の贈与に限り遺留分算定基礎財産に含まれます。［民法1044③］。また、相続人が相続の放棄をした場合には、原則として相続前1年以内の贈与に限り、遺留分算定基礎財産に含まれます。

### ②遺留分を算定するための財産の価額

１）相続財産

　相続財産は、相続開始時点で評価を行います。条件付きの権利又は存続期間の不確定な権利も含まれますが、調停、審判になる

場合には、家庭裁判所が選任した鑑定人が評価を行います。

２）贈与財産

　贈与財産には、贈与契約だけでなく、すべての無償処分が含まれます。また、次の贈与には贈与された時期が限定されます。

　　ａ．相続人以外に対する贈与

　　　相続開始前の１年間にしたものに限ります。

　　ｂ．相続人に対する贈与（特別受益に該当する贈与）

　　　相続開始前の10年間にしたものに限ります。

　　ｃ．損害を加えることを知ってした贈与

　　　当事者双方が遺留分権利者に損害を加えることを知ってした贈与については、期間を問わず贈与財産に算入されます。

## ③遺留分の額

遺留分は次のように計算します。

---

**遺留分**
**＝遺留分算定の基礎となる財産の価額×総体的遺留分×個別的遺留分**

---

**【設例】遺留分侵害額の計算**

１．被相続人：夫

２．相　続　人：妻、長男、長女

３．相続財産：その他の財産２億円

４．遺言書の内容：長女へ２億円すべてを相続させる

５．総体的遺留分：２億円×1/2＝１億円

６．個別的遺留分の計算

　①妻の個別的遺留分　　　　　　１億円×1/2＝5,000万円

　②長男、長女の個別的遺留分　　１億円×1/2×1/2＝2,500万円

７．遺留分侵害額

　①妻の遺留分侵害額　　　5,000万円－０円（相続額）＝5,000万円

　②長男の遺留分侵害額　　2,500万円－０円（相続額）＝2,500万円

　③長女の遺留分侵害額　　2,500万円－２億円（相続額）＜０万円

　長女に対して妻は5,000万円、長男は2,500万円の遺留分侵害額の請求をすることができます。

## 2 遺留分減殺請求権から遺留分侵害額請求権へ

　民法の改正により、「遺留分減殺請求権」が「遺留分侵害額請求権」に改められ、遺留分が侵害された場合の遺留分権利者の権利の内容が大きく変わることとなりました。

### 1 遺留分減殺請求権と遺留分の算定方法の見直し

　遺留分減殺請求権は、その行使によって当然に物権的効果が生ずるとされていました。そのため、遺留分減殺請求権の行使によって、遺留分の侵害となる遺贈等はその侵害する限度で効力を失い、受遺者又は受贈者（以下「受遺者等」）が取得した目的物に関する権利は、その限度で減殺請求をした遺留分権利者に帰属します。遺留分減殺請求が申し立てられると財産が共有状態となってしまいますが、実務上、金銭の支払いによる解決がされることが多くあります。

　そこで、従来の規律を以下のように見直すこととしました。

#### （1）遺留分侵害額請求権の効力及び法的性質の見直し

　遺留分侵害額請求権の行使について、遺留分権利者及びその承継人は、受遺者（特定財産承継遺言により財産を承継し又は相続分の指定を受けた相続人を含む）又は受贈者に対し、遺留分侵害額に相当する金銭の支払いを請求することができることとしました[**民法1046①**]。

#### （2）遺留分の算定方法の見直し

　遺留分を算定するための財産の価額に関する規律のうち、相続人に対する生前贈与は、相続開始前の10年間にされたものに限り、その価額（婚姻もしくは養子縁組のため又は生計の資本として受けた贈与の価額※1に限る）を、遺留分を算定するための財産の価額に算入することとしました[**民法1044③**]。

なお、相続人以外の者に対する贈与は、相続開始前の１年間にされたものに限り、遺留分を算定するための財産の価額に算入します。また、当事者双方が遺留分権利者に損害を加えることを知って贈与をしたとき※2は、１年前の日より前にしたものについても、同様とします［民法1044①］。

　この改正は、既に平成31年（2019年）７月１日から施行されています。なお、経過措置において、施行日前に開始した相続については従前の例によることとされています。

※１：生計の資本として受けた贈与の価額とは、生計の基礎として役立つような財産上の給付をいい、親族間の扶養的金銭援助を超えるものか否かが区分基準となります。以下の判決等が参考になると思われます。

■福岡地方裁判所：平成28年３月２日判決
　親名義の通常預金から長女所有不動産の固定資産税として引き落とされていることは贈与の可能性はあるが、１回当たり6,000円未満である、年間でも74,800円と少額であることから生計の資本のための贈与には当たらない。

■東京家庭裁判所：平成21年１月30日審判
　一月に２万円から25万円の送金がなされているが、本件遺産相続や被相続人の収入状況からすると、一月に10万円を超える送金は生計資本としての贈与であると認められるが、これに満たないその余の送金は親族間の扶養的金銭援助にとどまり生計資本としての贈与とは認められないと思慮する。

■高松家庭裁判所：平成３年11月19日審判
　被相続人がした金銭の支払いは、自己の身元保証契約上の債務を履行したものであるから、それ自体は申立人に対する「生計の資本としての贈与」とは解することができないけれども、申立人の夫に対する求償債権の免除は、申立人に対する「相続分の前渡し」としての「生計の資本としての贈与」と解するのが相当である。

※２：「当事者双方が遺留分権利者に損害を加えることと知って贈与をしたとき」とは、過去の裁判例を見ると以下のようなものがあります。

■東京地方裁判所：平成29年１月18日判決
　遺留分権利者に損害を加えることを知っていた（民法1030条後段）というためには、被相続人の財産に何らの変動もないか、少なくとも増加しないことを予見していた事情を必要とするというべきである。

＊法令の条文番号は当時のものです。

第２章　遺留分制度の見直し

■長野地方裁判所：平成4年6月23日判決
■東京高等裁判所：平成5年9月21日判決
■最高裁判所：平成9年3月14日判決

　被相続人が土地を贈与した当時は、被相続人には、この土地以外に見るべき財産がなく、かつ、その年齢が65歳であって、事実上の隠居生活に入り、わずかな年金以外に収入がなかったのであり、被相続人の年齢、生活状態、収入の点を参酌すると、右贈与の時から20年以上経過して相続が開始したことを考慮しても、被相続人と受贈者とは、右贈与の時に将来相続開始までに被相続人の財産が増加する見込みがないことを予見し得たものというべきであり、相続開始時に被相続人が見るべき財産を有していなかったことは、このことを裏付けているということができる。そうすると、右贈与時において、被相続人と受贈者ともに、遺留分権利者である被相続人である被控訴人らに損害を加えることを知って贈与したというべきである。

■富山地方裁判所：平成7年4月20日判決

　子及び孫に対する本件不動産の贈与は、財産を分散させたくないとの被相続人甲及び子の強い意志の下に行われたものであり、子及び孫は、当時甲には本件不動産以外に見るべき財産はないことを知っていたこと、甲は事業から引退し子に扶養されていたことによれば、本件贈与当時、当事者は、甲には本件不動産以外に見るべき財産はなく、かつ、将来とも新たに財産が増加することはないことを知っていたものであり、遺留分権利者Xらに損害を加えることを知りながら贈与したものとみるのが相当である。

■東京地方裁判所：昭和37年3月29日判決

　贈与当時、被相続人に贈与の目的物以外に見るべき財産がなく、被相続人は事業に失敗し、かつ、病気にかかり就業できない状態にあり、将来財産が増加する可能性もなく、被相続人も受贈者もこのことを知っていた場合、贈与は当事者双方が遺留分権利者に損害を加えることを知ってしたものであり、遺留分権利者による遺留分減殺請求の対象となる。

　以上のように、遺留分制度が改正されると、以下のような問題点が解消することが期待されます。

## （1）共有状態に係る問題

　従前の制度では、遺留分減殺請求が申し立てられると、すべての財産が相続人による共有状態になってしまい、すぐに分けられなくなります。最悪の場合、共有状態の財産を分割するための訴訟（共有物分割訴訟）に至ることもあります。未分割の株式は準共有状態

となり、その株式の議決権の行使を行うことができなくなることも起こり得ます。

⇒　改正後は、遺留分請求によって生ずる権利（遺留分侵害額請求権）は金銭債権とされたことから、共有物分割訴訟は起きなくなることが期待されます。

## （2）生前贈与に係る問題

従前の制度では、相当以前の贈与でも、相続人に対するものは原則として遺留分の算定基礎財産とされることから、相続人に対する生前贈与が受贈者にとって無意味なものになることが危惧されます。

⇒　改正後は、相続人に対する贈与については、相続開始前の10年間にされたものに限り、原則として算入することとされ、時間の経過とともに法的安定性は高まることが期待されます。

なお、遺留分減殺請求に係る改正であることから、遺言書が残されていない場合には、相続人に対する特別受益の計算は、相続開始前に行われたものについては、すべてみなし相続財産として計算することになります。

## （3）遺言執行に係る問題

従前の制度では、遺留分権利者から減殺請求が行われた場合、遺言執行者は遺留分権利者の承諾を得ない限り、遺言執行を強行することはできませんでした。これは、「遺留分権利者の権利は遺言者の意思に優越する」とされていたからです。

⇒　改正後は、「遺留分減殺請求権」が「遺留分侵害額請求権（金銭債権）」とされたことから、遺留分侵害額の請求の意思表示がされても、遺言執行者は遺言執行を行うことは差し支えないことになります。

第2章　遺留分制度の見直し

## 2 遺留分侵害額請求権

遺留分侵害額請求権とは、遺留分を侵害された者が、遺贈等を受けた者に対し、遺留分侵害額に相当する金銭の支払いを請求することです［民法1046①］。

遺留分侵害額請求権について、当事者間で話合いがつかない場合や話合いができないときは、遺留分権利者は家庭裁判所の調停手続きを利用することができます。

なお、遺留分侵害額請求権は、相手方に対する意思表示をもってすれば足りますが、家庭裁判所の調停を申し立てただけでは、相手方に対する意思表示とはなりませんので、調停の申立てとは別に内容証明郵便等により意思表示を行う必要があります。

「遺留分侵害額請求」は、相続開始及び遺留分を侵害する遺贈等のあったことを知った時から1年又は相続開始の時から10年を経過したときは、することができなくなります［民法1048］。

なお、遺留分侵害額請求権の行使により、遺留分権利者と受遺者等との間に、遺留分侵害額に相当する金銭債権が発生しますが、その金銭債権については、通常の金銭債権と同様に消滅時効にかかることになります。したがって、その金銭債権の消滅時効は、民法（債権法）改正法施行前（平成32年〈2020年〉4月1日前）なら10年、施行後なら5年とされていることに留意しておかなければなりません。

調停手続きでは、当事者双方から事情を聴いたり、必要に応じて資料等を提出してもらったり、遺産について鑑定を行うなどして事情をよく把握した上で、当事者双方の意向を聴取し、解決案の提示や、解決のために必要な助言をし、話合いを進めていきます。

遺留分侵害額は次のように計算します。

---

**遺留分侵害額**

**＝遺留分の額－遺留分権利者が受けた特別受益※－遺留分権利者が取得すべき具体的相続分＋遺留分権利者が負担する債務の額**

※ここでの特別受益は、相続開始前10年以内かどうかを問わず、特別受益に該当する生前贈与はすべて含まれます。

---

## 3 遺留分侵害額の請求の順序

遺留分侵害額の請求の順序として、民法は以下のように規定しています。

### （1）贈与と遺贈が併存している場合 ［民法1047①一］

贈与は、遺贈に対して遺留分侵害額請求権を行使した後でなければ、これをすることができません。

死因贈与のある場合には、遺贈（又は相続させる遺言）、死因贈与、贈与の順に請求権を行使します。

### （2）数個の遺贈がある場合 ［民法1047①二］

遺贈又は複数の贈与が同時にされた場合は、その目的の価額の割合に応じて請求権を行使します。

ただし、遺言者がその遺言に別段の意思を表示（数個の遺贈の遺留分侵害額の請求の順序又はその侵害額の請求の割合を定めるなど）したときは、その意思に従うこととされています（遺贈する、しないは遺言者の自由ですので、順番を決めるのも自由です）。

### （3）数個の贈与がある場合 ［民法1047①三］

贈与に対する遺留分侵害額請求権の行使は、後の贈与から順次前の贈与に対して行います（遺贈の場合と異なり、遺言者がこれを異なる定めをすることはできません）。

なお、受遺者又は受贈者が相続人である場合には、当該価額から遺留分としてその相続人が受けるべき額を控除した額を限度として、遺留分侵害額を負担することとされています ［民法1047①かっこ書き］。

## 【設例】

1. 被相続人：父（平成31年8月死亡）
2. 父の財産：2,000万円
3. 相 続 人：子A、子B、子C
4. 遺贈及び生前贈与の状況

(単位：万円)

| 相続人等 | 平成31年8月 | 平成30年10月 | 平成30年9月 | 平成25年1月 |
|---|---|---|---|---|
| 子A | 遺贈 1,200 | － | － | 贈与600(7,000※) |
| 子B | 遺贈 800 | － | － | 贈与400(3,000※) |
| 子C | － | － | － | － |
| 孫E | － | 贈与 700 | － | － |
| 孫F | － | － | 贈与 500 | － |

※（ ）内の金額は、相続開始時の価額

5. 遺留分侵害額
   ①遺留分侵害額基礎財産
   （1,200万円＋800万円）＋（700万円＋500万円）＋（7,000万円＋3,000万円）
   ＝1億3,200万円
   ②遺留分額
   1億3,200万円×1/2×1/3＝2,200万円
   子Cは、遺留分侵害額の請求を行うものとする。
6. 遺留分請求の順序
   ①まず遺贈から（子A1,200万円＋子B800万円）－2,200万円＝△200万円
   子Cは、子A及び子Bが遺贈により取得した金額の全部について、遺留分を請求する。
   この場合、遺贈を受けた全部について子Cから遺留分侵害額の請求を受けても、子A及び子Bは特別受益（平成25年1月の贈与）の額がそれぞれの遺留分2,200万円を超えていて、遺留分を侵害しない。
   ②子Cは遺留分侵害額に満たない金額について、贈与（後の贈与から）を受けた孫に対して200万円を請求する。

## **4** 直ちに金銭を支払えない場合の支払期限の許与

　遺留分権利者から金銭請求を受けた受遺者等が、金銭を直ちには準備できない場合には、受遺者等は、裁判所に対し、金銭債権の全部又は一部の支払いにつき相当の期限の許与を求めることができることとなりました［民法1047⑤］。

　この場合、遺留分権利者が具体的な金額を示して履行を請求した時点から遅延損害金（法定利率は令和2年4月1日以後3％〈3年ごとに見直し〉）が発生すると考えられます。

第2章　遺留分制度の見直し

### 図表 2-4　遺留分制度の見直し

**1．従来制度**

①遺留分減殺請求権の行使によって共有状態が生ずる。
　← 事業承継の支障となっているという指摘
②遺留分減殺請求権の行使によって生じる共有割合は、目的財産の評価額等を基準に決まるため、通常は、分母・分子とも極めて大きな数字となる。
　← 持分権の処分に支障が出る恐れ

例：経営者であった被相続人が、事業を手伝っていた長男に会社の土地建物（評価額1億1,123万円）を、長女に預金1,234万5,678円を相続させる旨の遺言をし、死亡した（配偶者は既に死亡）。遺言の内容に不満な長女が長男に対し、遺留分減殺請求

長女の遺留分侵害額
$1,854万8,242円 = \{(1億1,123万円 + 1,234万5,678円) \times 1/2 \times 1/2 - 1,234万5,678円\}$

会社の土地建物が長男と長女の複雑な共有状態に
持分割合
長男　9,268万1,758/1億1,123万
長女　1,854万8,242/1億1,123万
共有

**2．見直しのポイント**

①遺留分減殺請求権から生ずる権利を金銭債権化する。
②金銭を直ちには準備できない受遺者又は受贈者の利益を図るため、受遺者等の請求により、裁判所が、金銭債務の全部又は一部の支払いにつき相当の期限を許与することができるようにする。

**3．制度導入のメリット**

①遺留分減殺請求権の行使により共有関係が当然に生ずることを回避できる。
②遺贈や贈与の目的財産を受遺者等に与えたいという遺言者の意思を尊重できる。

遺留分減殺請求によって生ずる権利は**金銭債権**となる。
同じ事例では、長女は長男に対し、1,854万8,242円　請求できる。

出典：法務省ホームページ「遺留分制度の見直し」より作成

改正後の民法は、改正前民法第1030条（遺留分の算定）に、新たに２項を加え第1044条（遺留分を算定するための財産の価額）とし、遺留分侵害額に対する請求についても、改正前の第1031条（遺贈又は贈与の減殺請求）を削除し、第1046条（遺留分侵害額の請求）を新設しています。

**■ 遺留分制度に係る民法の新旧対照表**

| 改正後 | 改正前 |
|---|---|
| （遺留分を算定するための財産の価額）<br>第1044条　贈与は、相続開始前の１年間にしたものに限り、前条の規定によりその価額を算入する。当事者双方が遺留分権利者に損害を加えることを知って贈与をしたときは、１年前の日より前にしたものについても、同様とする。<br>２　第904条の規定は、前項に規定する贈与の価額について準用する。<br>３　相続人に対する贈与についての第１項の規定の適用については、同項中「１年」とあるのは「10年」と、「価額」とあるのは「価額（婚姻若しくは養子縁組のため又は生計の資本として受けた贈与の価額に限る。）」とする。 | （遺留分の算定）<br>第1030条　贈与は、相続開始前の１年間にしたものに限り、前条の規定によりその価額を算入する。当事者双方が遺留分権利者に損害を加えることを知って贈与をしたときは、１年前の日より前にしたものについても、同様とする。<br>２　（新設）<br><br>３　（新設） |
| （削除） | （遺贈又は贈与の減殺請求）<br>第1031条　遺留分権利者及びその承継人は、遺留分を保全するのに必要な限度で、遺贈及び前条に規定する贈与の減殺を請求することができる。 |
| （遺留分侵害額の請求）<br>第1046条　遺留分権利者及びその承継人は、受遺者（特定財産承継遺言により財産を承継し又は相続分の指定を受けた相続人を含む。）又は受贈者に対し、遺留分侵害額に相当する金銭の支払を請求することができる。 | （新設） |

**■民法**

**（特別受益者の相続分）**

第904条　前条に規定する贈与の価額は、受贈者の行為によって、その目的である財産が滅失し、又はその価格の増減があったときであっても、相続開始の時においてなお原状のままであるものとみなしてこれを定める。

# 5　遺留分制度改正後の実務対応

　遺留分の侵害があった場合に、遺留分権利者が遺留分侵害額請求権に基づき、遺留分権利者から遺留分侵害額について請求があったときに、請求を受けた者にその金額に相当する金銭が確保されていることが実務対応におけるポイントです。

　この場合、生命保険金でその原資を準備しておくことが望ましいと思われます。生命保険金は、受取人固有の財産とされ、原則として遺留分算定基礎財産の対象外財産となります。また、受取人が単独で生命保険金の支払いを請求することができることから、遺留分権利者からの遺留分請求に対してその生命保険金などを原資として、金銭で速やかな対応も可能となると思われます。

　非上場株式等については、後継者に贈与税の納税猶予の適用を受けて早めに贈与しておくことや、相続時精算課税によって贈与すれば贈与税の負担を軽くして多額の財産を生前贈与することができます。贈与後10年を経過すれば、原則として遺留分算定の基礎財産に含まれません。

　この改正は、遺留分の算定に係るもので、遺言書がない場合の相続人に対する特別受益の計算についてのものではないことに留意しておかなければなりません。

　そのため、遺言書を残しておくことが肝要です。


　相続人に対して生前贈与していた場合の税負担の差異について、以下の設例で確認します。

---

**【設例1】相続人に対する生前贈与がある場合の、遺言書の有無による取扱いの差異**

1．被相続人：父（平成31年8月死亡）
2．相　続　人：長男・長女
3．相続財産：その他の財産　2億円
4．遺言書の内容：長男は1億2,000万円、長女は8,000万円相続

5．その他：父は平成15年に長男へ自社株1億円（相続開始時の時価3億円）を相続時精算課税によって贈与しています。

6．相続税の計算（遺言書がある場合）

（単位：万円）

| | 長男 | 長女 |
|---|---|---|
| その他の財産 | 12,000 | 8,000 |
| 相続時精算課税財産 | 10,000 | － |
| 課税価格 | 22,000 | 8,000 |
| 相続税の総額 | 6,920 | |
| 各人の算出税額 | 5,075 | 1,845 |
| 納付税額 | ※5,075 | 1,845 |

※相続時精算課税による贈与税額を含みます。
注：遺留分の侵害額又は相続分の判定
　　2億円×1/2×1/2＝5,000万円≦8,000万円　侵害額なし

7．相続税の計算（遺言書がない場合）

（単位：万円）

| | 長男 | 長女 |
|---|---|---|
| その他の財産 | 0 | 20,000 |
| 相続時精算課税財産 | 10,000 | － |
| 課税価格 | 10,000 | 20,000 |
| 相続税の総額 | 6,920 | |
| 各人の算出税額 | 2,307 | 4,613 |
| 納付税額 | ※2,307 | 4,613 |

※相続時精算課税による贈与税額を含みます。
注：長男の相続分
　　みなし遺産価額＝（2億円＋3億円）×1/2＝25,000万円
　　25,000万円－3億円＝△5,000万円　∴　0円

　法定相続分によって、相続することになると、長女は父から相続することができる財産額は2億円となり、長男の相続分はないことになります（超過特別受益者は最初から相続分がないものとされます［民法903②]）。

**【設例2】相続人以外の者に非上場株式等を贈与している場合**

1．被相続人：父（平成31年12月死亡）
2．相 続 人：長男・長女
3．相続財産：その他の財産　2億円
4．遺言書の内容：長男は4,000万円、長女は1億6,000万円相続
5．その他：父は平成30年4月に、長女の夫（甲）へ自社株1億円を
　　　　　　相続時精算課税によって贈与し、非上場株式等について贈与税の
　　　　　　納税猶予の適用を受けています。
6．相続税の計算（遺言書がある場合）

（単位：万円）

| | 長男 | 長女 | 甲※ |
|---|---|---|---|
| その他の財産 | 4,000 | 16,000 | 10,000 |
| 課税価格 | 4,000 | 16,000 | 10,000 |
| 相続税の総額 | 6,920 | | |
| 各人の算出税額 | 923 | 3,690 | 2,307 |
| 相続税額の二割加算 | － | － | 461 |
| 特例株式等納税猶予税額 | － | － | △2,768 |
| 納付税額 | 923 | 3,690 | 0 |

※非上場株式等について贈与税の納税猶予税額は免除されます。

　相続人以外の者（甲）への贈与は原則として1年以内のものに限られることから、甲へ贈与した非上場株式等については遺留分侵害額の算定基礎財産に含まれません。

　なお、非上場株式等を甲が遺贈によって取得した場合には、その非上場株式等は遺留分侵害額の算定基礎財産に含まれることとなります。そのため、長男は、**（2億円＋1億円）×1/2（総体的遺留分割合）×1/2（長男の相続分）=7,500万円**が遺留分の金額となり、侵害額は3,500万円となります。

　この場合、遺贈又は複数の贈与が同時にされた場合は、その目的の価額の割合に応じて請求権を行使します［民法1047①二］。

# 3 遺留分侵害額の算定における債務の取扱いに関する見直し

　遺留分権利者が承継した相続債務について、受遺者等が弁済をするなどしてその相続債務を消滅させた場合には、遺留分侵害額請求による債務を消滅させることができることとされました。

　改正前の民法では、遺留分侵害額の算定に当たって遺留分権利者が承継する相続債務の額を加算することとなっていました。理由として、遺留分権利者が相続債務を弁済した後においても、遺留分権利者に一定の財産が残るようにするためです。

　例えば、個人事業を営む被相続人がその事業に関連して多額の債務を負担しており、被相続人の死亡に伴い受遺者等がその事業を承継したような場合には、遺留分権利者がその承継する相続債務の支払いをしないからといって、受遺者等がその債務の支払いを怠ることはできないことが多いと思われます（受遺者等が連帯保証人となっている場合や不動産に担保が付されている場合など）。

　事業を承継する受遺者等は、その相続債務の弁済資金を遺留分権利者に前渡しをするくらいなら、期限の利益を放棄しても金融機関等の相続債権者に返済したいという場合も多いと思います。しかし、受遺者等がその支払いをした後に遺留分権利者に求償することは手続きをより複雑にします。

　そのため、改正により、遺留分権利者が相続によって承継した債務について、受遺者等が弁済などをして消滅させたときは、遺留分権利者に対する意思表示によって遺留分侵害額の計算上、相続債務分の加算をしないことができることとされました［民法1047③］。

第2章　遺留分制度の見直し

35

# 4 遺留分の放棄

## 1 遺留分の放棄の概要

　遺留分を有する相続人は、相続の開始前（被相続人の生存中）に、被相続人の住所地の家庭裁判所の許可を得て、あらかじめ遺留分を放棄することができます。

　遺留分の放棄の申立てがあった場合に、家庭裁判所は、遺留分権利者の放棄の意思を確認するだけでなく、放棄が合理的かつ相当なものかどうか、諸般の事情を慎重に考慮検討して許否の判断をします。

　申立てには、次の書類が必要となります。

①申立書（裁判所所定の用紙に記載し、財産目録を添付）（**図表2-5**）

②標準的な申立添付書類として、被相続人の戸籍謄本（全部事項証明書）や申立人の戸籍謄本（全部事項証明書）

　また、申立費用は、収入印紙800円分、連絡用の郵便切手が必要とされています。

　なお、遺留分権利者が遺留分を放棄した場合においても、その他の権利者の遺留分が増加することはありません。

【設例】

1．被相続人：父

2．法定相続人：母・長男・二男

3．遺言書の内容：長男にすべての財産を相続させる

4．遺留分の事前放棄：母は遺留分の放棄をしている

5．二男の遺留分：①二男の法定相続分　　1/2×1/2=1/4

　　　　　　　　　②二男の遺留分　　　　1/2×1/4=1/8

母が遺留分の放棄をしていても二男の遺留分は増加しません。

■民法
（遺留分の放棄）
第1049条　相続の開始前における遺留分の放棄は、家庭裁判所の許可を受けたときに限り、その効力を生ずる。

2　共同相続人の一人のした遺留分の放棄は、他の各共同相続人の遺留分に影響を及ぼさない。

| 図表 2-5 | 遺留分放棄の許可の申立書（記入例） |

受付印

**家 事 審 判 申 立 書　事件名（ 遺留分放棄の許可 ）**

（この欄に申立手数料として1件について800円分の収入印紙を貼ってください。）

印　紙

（貼った印紙に押印しないでください。）

（注意）登記手数料としての収入印紙を納付する場合は，登記手数料としての収入印紙は貼らずにそのまま提出してください。

| 収 入 印 紙 | 円 |
| 予納郵便切手 | 円 |
| 予納収入印紙 | 円 |

| 準口頭 | | 関連事件番号　平成　　　　年（家　　　）第　　　　　　　　　　号 |

| ○　○　家 庭 裁 判 所<br>御 中<br>平成 ○ 年 ○ 月 ○ 日 | 申 立 人<br>（又は法定代理人など）<br>の 記 名 押 印 | **甲　野　杉　男** ㊞ |

| 添付書類 | |

|  | 本　籍<br>（国　籍） | （戸籍の添付が必要とされていない申立ての場合は，記入する必要はありません。）<br>都道<br>○○　府⊛県　　○○市○○町○丁目○番地 | |
| 申<br><br>立<br><br>人 | 住　所 | 〒 ○○○ － ○○○○　　　　　　電話　○○○（ ○○○ ）○○○○<br>**○○県○○市○○町○丁目○番○号**<br>（　　　　　　方） | |
|  | 連絡先 | 〒　　　　　　　　　　　　　　　電話　　（　　　）<br>（注：住所で確実に連絡ができるときは記入しないでください。）<br>（　　　　　　方） | |
|  | フリガナ<br>氏　名 | コ ウ ノ　　　ス ギ オ<br>**甲　野　杉　男** | 大正<br>昭和 ○ 年 ○ 月 ○ 日生<br>平成　　　　（ ○○ 歳） |
|  | 職　業 | **会　社　員** | |
| ※<br><br>被<br><br>相<br><br>続<br><br>人 | 本　籍<br>（国　籍） | （戸籍の添付が必要とされていない申立ての場合は，記入する必要はありません。）<br>都道<br>○○　府⊛県　　○○市○○町○丁目○番地 | |
|  | 住　所 | 〒 ○○○ － ○○○○　　　　　　電話　　（　　　）<br>**○○県○○市○○町○丁目○番○号**<br>（　　　　　　方） | |
|  | 連絡先 | 〒　　　　　　　　　　　　　　　電話　　（　　　）<br>（　　　　　　方） | |
|  | フリガナ<br>氏　名 | コ ウ ノ　　　タ ロ ウ<br>**甲　野　太　郎** | 大正<br>昭和 ○ 年 ○ 月 ○ 日生<br>平成　　　　（ ○○ 歳） |
|  | 職　業 | **無　職** | |

（注）　太枠の中だけ記入してください。
※の部分は，申立人，法定代理人，成年被後見人となるべき者，不在者，共同相続人，被相続人等の区別を記入してください。
別表第一 （1/ 2 ）

出典：裁判所ホームページ（本書式は、最高裁判所の承諾を得て転載しています）

## 申　立　て　の　趣　旨

被相続人甲野太郎の相続財産に対する遺留分を放棄することを許可する旨の審判を求めます。

## 申　立　て　の　理　由

1　申立人は，被相続人の長男です。

2　申立人は，以前，自宅を購入するに際し，被相続人から多額の資金援助をしてもらいました。

　また，会社員として稼働しており，相当の収入があり，生活は安定しています。

3　このような事情から，申立人は，被相続人の遺産を相続する意思がなく，相続開始前において

遺留分を放棄したいと考えますので，申立ての趣旨のとおりの審判を求めます。

### 財　産　目　録
【土　地】

| 番号 | 所　　在 | 地番 | 地目 | 地積 | 備考 |
|---|---|---|---|---|---|
| 1 | ○○市○○町○丁目 | 番<br>○　○ | 宅地 | 平方メートル<br>150　00 | 建物1の敷地 |

### 財　産　目　録
【建　物】

| 番号 | 所　　在 | 家屋番号 | 種類 | 構造 | 床面積 | 備考 |
|---|---|---|---|---|---|---|
| 1 | ○○市○○町○丁目○番地 | ○番○ | 居宅 | 木造瓦葺平家建 | 平方メートル<br>90　00 | 土地1上の建物 |

### 財　産　目　録
【現金，預・貯金，株式等】

| 番号 | 品　　目 | 単位 | 数量（金額） | 備　考 |
|---|---|---|---|---|
| 1 | 預貯金 | | 約2570万円 | |

出典：裁判所ホームページ（本書式は、最高裁判所の承諾を得て転載しています）

## 2　遺留分放棄に際しての留意事項

### （1）遺言書の作成

　遺留分の放棄が行われていても、遺言書が残されていないと、遺留分の放棄は相続の放棄ではありませんので、遺留分の放棄をした者も含めて遺産分割協議が必要となります。そのため、必ず遺言書を作成しておく必要があります。

### （2）遺言執行者の指定

　遺言書に遺言執行者の指定がない場合には、相続人などの利害関係者は、家庭裁判所に遺言執行者を選任してくれるよう申し立てることができます。しかし、この手続きでもめることも予想されますので、遺言書に遺言執行者を指定しておくようにします。

　遺言執行者を指定する目的は、遺言の確実な執行を法的に担保するためです。遺言執行者がいるメリットとしては、相続人は相続財産に対する管理、処分機能を失うため、相続財産を処分するなどの遺言の執行を妨げる行為ができなくなり、遺言執行者によって遺言執行がスムーズに行うことができます。

### （3）遺留分割合の変動

　推定相続人が配偶者と子である場合には、相続の発生順によっては遺留分の割合に変動が生じることに留意しておかなければなりません。

##### 図表 2-6　遺留分割合の変動

1．家族構成：父・母・長男・長女
2．父が死亡した場合の遺留分割合：①父が先に死亡した場合
　　　　　　　　　　　　　　　　　　②母が先に死亡した場合

| | ① | | | ② | |
|---|---|---|---|---|---|
| | 母 | 長男 | 長女 | 長男 | 長女 |
| 総体的遺留分割合 | 1/2 | | | 1/2 | |
| 個別的遺留分割合 | 1/2 | 1/4 | 1/4 | 1/2 | 1/2 |
| 各人の遺留分割合 | 1/4 | 1/8 | 1/8 | 1/4 | 1/4 |

## （4）遺留分の算定

遺留分の算定が複雑な場合がありますので、そのような場合、弁護士などに相談されることが適切です。

## 3 遺留分の放棄の撤回

遺留分の放棄は、裁判所の許可審判が必要になり、申立てが認容された場合、不服申立てはできません。しかし、「審判の取消又は変更」の規定によって撤回することができる可能性が残されています。

遺留分放棄を許可する審判を、取消し又は変更することが許される事情の変更は、遺留分放棄の合理性、相当性を裏付けていた事情が変化し、これにより遺留分放棄の状態を存続させることが客観的に見て不合理、不相当と認められるに至った場合でなければならないと考えられています。

例えば、以下のような場合に、遺留分の放棄の撤回が認められた裁判例があります。

**①事情の変更（東京高等裁判所：昭和58年9月5日決定）**
遺留分を放棄した時点における連帯保証人たる地位に伴う不安が解消されたことは、事情変更とみてその取消しが認められた。

**②養子縁組の解消（東京家庭裁判所：昭和44年10月23日審判）**
養子縁組があったことを事情として遺留分の放棄をした者による、その縁組の解消を理由とした遺留分の放棄の取消しを認めた。

**③前提条件が守られなかった（松江家庭裁判所：昭和47年7月24日審判）**
「養子縁組を行う」「家業を継ぐ」などの条件を定めた上で相続の内容が決まり、その関係で遺留分放棄した場合に、その約束が守られなかったとして遺留分の放棄の取消しを認めた。

**④前提条件が守られなかった（仙台高等裁判所：昭和56年8月10日決定）**
被相続人と同居してその面倒をみることを前提として遺留分放棄をした場合に、その約束が守られなかったとして、相続開始後であっても遺留分の放棄の取消しを認めた。

## 【遺留分の認可の基準：裁判例】

**■水戸家庭裁判所（審判：平成15年6月6日）**
**■東京高等裁判所（決定：平成15年7月2日）**

　両親の離婚後交流のなかった父を被相続人とする相続につき遺留分を放棄することの許可を求めた申立てを、申立人が遺留分放棄を相当とする合理的代償を受けていないことを理由に却下した原審判に対する即時抗告審において、本件申立ては、申立人の真意に出たものであると認められ、また、本件遺留分の放棄を許可することによって法定相続分制度の趣旨に反する不相当な結果をもたらす特段の事情も存在せず、かえって、申立人と父とは、父子としての交流がないことから互いに他方の相続について遺留分を放棄することとしたものである上、申立人が父に係る相続の遺留分を放棄することが、申立人の母と父との間の株式等の帰属の問題について調停による迅速な解決を導く一因となったのであるから、実質的な利益の観点からみても、申立人の遺留分放棄は不合理なものとはいえないとして、原審判を取り消し、申立てを許可した事例。

**■和歌山家庭裁判所（審判：昭和60年11月14日）**

　遺留分の事前放棄の許否の審判に際してはそれが相続人の全くの自由な意思によってなされたものであることについて疑いのあるような場合には、その疑いが解消されない限りこれを許可すべきものではないと考える。
　申立人は父からの示唆によって、本件手続の存在を知り、自己の結婚について父母の了解を得たいとの一心から、父の意思を忖度して本件申立をしたものであり、しかも、被相続財産が高額になることからすると、本件申立が申立人の全くの自由意志によってなされたと認定するには多大の疑問が残り、したがって、本件申立をしなければならない合理的理由を見出すこともできない。

**■神戸家庭裁判所（審判：昭和40年10月26日）**

　5年後に300万円の贈与を受ける契約のもとになされた遺留分放棄の許可申立を、将来右契約が履行されない恐れ等申立人に生ずるかもしれない総額を考慮して却下した事例。

**■東京家庭裁判所（審判：昭和35年10月4日）**

　申立人は被相続人夫に対する遺留分の放棄許可を求めるというのであって、その理由とするところは、申立人は現在息子たちの扶養を受けており、今後の生活に不安がないから被相続人夫に対する遺留分放棄の許可を求めるというのであるが、申立人の申立は被相続人の発意に出たものであり、殊に配偶者相続権の確立並びに諸子均分相続の理念に反するところがあるので本件申立を却下する。

## 4　遺留分の放棄の具体的な活用方法

遺留分の放棄の具体的な活用方法などについて、事例をもとに解説します。

### ケース1　先妻との子に遺留分の放棄を希望したAさん

> Aさん（男）は、Xさんと再婚し1人の子（長女）をもうけました。Aさんには先妻との間にも長男がいます。将来の相続争いの防止のために、長男に遺留分の放棄を希望しています。
> Aさんは地方都市の地主で、長男に青空駐車場（年間賃料500万円）を相続時精算課税によって贈与する代わりに、遺留分の放棄をすることを提案しました。

税理士事務所は、Aさんの長男に対して以下のような説明を行いました。

①遺留分制度の概要と、長男の自由な意思によって遺留分の放棄の申述を家庭裁判所に行う必要がある旨。

②父が先に亡くなった場合と、母が先に亡くなり、次に父の順に亡くなったときの長男の遺留分の割合が変動（遺留分の割合が増加）する旨。

③遺留分の放棄がなかった場合でも、父が先に死亡した場合の遺留分に相当する財産（今回贈与する青空駐車場＋現金）を相続させる旨の内容の遺言書を作成する予定である旨。

税理士事務所の説明を受けて熟慮した長男は、遺留分の放棄の意思決定をされ、家庭裁判所に許可を受けました。また、Aさんは、公正証書遺言を作成し、妻及び長女へすべての財産を相続させることとしました。なお、遺言書には妻が先に亡くなった場合に備えて、補充遺贈（遺言者よりも先に妻が亡くなった場合には、妻に相続させるとしている○○の財産は、長女に相続させる）を遺言書に記載しておきました。

1. 父から長男への相続時精算課税による贈与財産
   青空駐車場8,000万円、現金2,000万円
2. 長男の贈与税等
   贈与税　1億円－2,500万円＝7,500万円
   　　　　7,500万円×20％＝1,500万円
   登録免許税及び不動産取得税　約350万円
   登記費用及び贈与税の申告等　約　50万円

　長男が遺留分の放棄を意思決定した理由には、贈与を受けた場合に1円も自己負担が生じないように現金も併せて贈与したことと、贈与を受けたとき以降に生じる駐車場収入が自分のものになることがポイントでした。なぜなら、父が先に亡くなった場合には、生前贈与を受ける財産しか遺言書で相続することができないことと、父が死亡するまでの間に青空駐車場の収入が得られないことがその理由と考えられます。

＜後日談＞

　Aさんの妻が先に亡くなられましたが、遺留分の放棄と引換えに贈与を受けた青空駐車場の収入も10年以上になることから、遺留分の割合が変動してもトータルの有利不利の差異はあまりありません。

### ケース2　子全員に遺留分の放棄を希望したBさん

　Bさん（男）には、妻と長男及び二男がいます。Bさんは、甲社（長男が後継者）及び乙社（二男が後継者）の会社オーナーですが、後継者へ代表権を譲り、毎年少しずつ自社株はそれぞれの後継者へ生前贈与をしています。
　しかし、甲社と乙社は財務内容に差があり、かつ、それぞれの会社の事業の将来性にも差異がみられます。そのことから、長男及び二男に対して遺留分の放棄を希望されました。

　本来なら、財務内容などの見劣りする乙社の後継者である二男に遺留分の放棄をしてもらえば目的は達するのですが、親としては二男だけに遺留分の放棄を勧めるのには躊躇されました。
　そこで、2人の子に遺留分の放棄をしてもらい、遺言書で、生前贈与できなかった株式などについてそれぞれの後継者へ相続させる

こととしました。遺留分の放棄は相続の放棄ではありませんので、遺言書に記載された財産はそれぞれの受遺者が取得することができます。

　なお、遺留分の放棄の申述については、長男及び二男は会社の代表者であり、父から生前中に株式等の贈与を受けていることから、遺留分の放棄について許可されました。

### ケース3　嫁いだ長女に遺留分の放棄を希望したCさん

　Cさん（男）には、妻と長男と嫁いだ長女がいます。Cさんは会社経営者で長男が後継者として既に事業を承継しています。Cさんの資産は、会社に関連する資産（自社株及び会社が利用している不動産など）が大半で、妻と長男へ相続させたいと願っています。

　Cさんは長女の婚姻に際してそれなりの持参金など支援をし、長女も父親には感謝しています。また、長女の生活も安定し、将来不安もない状態です。

　そこで、父は長女に遺留分の放棄について話合いをし、長女は家庭裁判所に遺留分の放棄の申述を行って許可されました。

　家庭裁判所は、遺留分の放棄に際して父から財産の贈与などを受けていないが、婚姻の際、長女は一定の財産の贈与を受けていることや、長女の生活状況が安定していると思われることから許可されました。

### ケース4　非嫡出子に遺留分の放棄を希望したDさん

　会社経営者のDさん（男）には、妻と長男及び非摘出子の長女（認知済み）がいます。Dさんは、生前に長女に一定額の財産を贈与し、代わりに遺留分の放棄をしてもらいたいと考えています。

　贈与する財産について相続時精算課税による贈与を選択すると、Dさんの相続税の申告書に長女が共同相続人として登場することになるのは避けたい（相続税の総額の計算に名前が載ることはやむを得ないが、申告書（第一表）に長女の名前が記載され、相続財産のすべてが開示されることを回避したい）との気持ちです。

暦年贈与の場合は、相続又は遺贈によって財産を取得しなければ、長女は父から相続開始前３年以内に贈与を受けた財産について生前贈与加算の対象にはなりませんが、贈与税の負担が重くのしかかります。また、遺留分の放棄は、一定額の贈与を代償とする場合には、その贈与が確実なものでないと許可される可能性が低いと考えられます。

　そこで、生命保険契約を活用して一定額の贈与を実行することにしました。具体的には、父が保険契約者（保険料負担者）で、かつ、保険金受取人、被保険者を長女とする一時払い終身保険に５口加入しました。そして、保険契約者を長女に変更し保険金受取人は長女の母へ変更しました。このことで、保険契約者である長女はいつでも自由にその保険契約を解約することができることから、確実な贈与に当たるとして家庭裁判所に説明をし、その結果、長女の遺留分の放棄については許可されました。

　この方法によれば、長女はその生命保険契約を解約した年分に父から贈与があったものとされることから、毎年１口ずつ生命保険契約を解約すれば贈与の年分を分散させることができ、贈与税の負担を軽減させることができます。

　このスキームのリスクは、長女が生命保険契約をすべて解約する前に父が亡くなると、残った生命保険契約は「生命保険契約に関する権利」として、みなし遺贈となり、父の相続税の課税価格に算入されることになる点です。

## 5　遺留分に関する民法特例

　遺留分を放棄するには、各相続人が自分で家庭裁判所に申立てをして許可を受けなければならず負担が大きいこと、また、家庭裁判所による許可・不許可の判断がバラバラになる可能性があることなどから、自社株式の分散防止対策としては実際上は利用しにくくなっています。そこで、経営承継円滑化法※は、「遺留分に関する民法の特例」（以下「民法特例」）を規定しています。

※中小企業における経営の承継の円滑化に関する法律

### (1) 除外合意

後継者が現経営者から贈与等によって取得した自社株式について、他の相続人は遺留分の主張ができなくなるので、相続に伴って自社株式が分散するのを防止できます。

### (2) 固定合意

自社株式の価額が上昇しても遺留分の額に影響しないため、後継者は相続時に想定外の遺留分の主張を受けることがなくなります。

この民法特例を活用すると、後継者を含めた現経営者の推定相続人全員の合意の上で、現経営者から後継者に贈与等された自社株式について、①遺留分算定基礎財産から除外（除外合意）、又は②遺留分算定基礎財産に算入する価額を合意時の時価に固定（固定合意）をすることができます（両方を組み合わせることも可能）。

図表 2-7　除外合意と固定合意

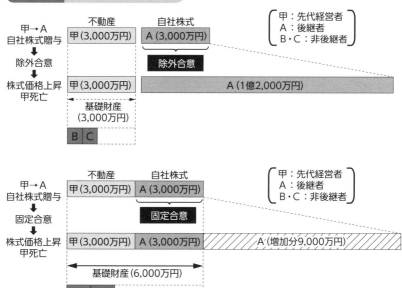

出典：中小企業庁「事業承継を円滑に行うための遺留分に関する民法の特例」

中小企業における経営承継円滑化法第8条第1項についての家庭裁判所への申立て件数は、以下のとおりです。

| 年分 | 件数 | 年分 | 件数 |
|---|---|---|---|
| 平成21年 | 7件※ | 平成26年 | 16件 |
| 平成22年 | 19件 | 平成27年 | 23件 |
| 平成23年 | 19件 | 平成28年 | 30件 |
| 平成24年 | 9件 | 平成29年 | 33件 |
| 平成25年 | 11件 | | |

※平成21年3月から12月の数値。

出典：最高裁判所「司法統計年報 家事事件編（第3表)」より作成

**参考資料** 「遺留分の放棄」と「遺留分に関する民法特例」の比較

| | 遺留分の放棄［民法1049］ | 遺留分に関する民法特例 |
|---|---|---|
| 手続きをする人 | 遺留分の放棄をする人 | 後継者 |
| 遺留分の放棄を受ける人の要件 | 特になし | ①後継者が合意の時点で単独で全議決権の過半数を有していること<br>②後継者が合意時点で遺留分についての民法の特例を適用する株式等を除くと、議決権保有割合が50％以下であること |
| 遺留分の放棄の範囲と内容 | 遺留分の基礎となる「みなし相続財産に対して、原則としてすべて遺留分の放棄をすることになる<br>＊遺留分の放棄については、書面によらずして可能 | ①生前贈与株式を遺留分の対象から除外できる<br>②生前贈与株式の評価額を予め固定できる<br>③自社株式等以外の財産のうち生前贈与を受けた財産について遺留分の対象から除外できる<br>＊上記の合意は書面によらなければならない |
| 経済産業大臣の確認の有無 | 確認を受ける必要はない | 合意後1月以内に確認を受けることが必要 |
| 効力の発生の要件 | 家庭裁判所の許可を受ける | 経済産業大臣の確認を受けた後1月以内に家庭裁判所に申立てをして許可を受ける |
| 効力の消滅 | 遺留分放棄の合理性、相当性を裏付けていた事情が変化し、これにより遺留分放棄の状態を存続させることが客観的に見て不合理、不相当と認められるに至った場合に限り、遺留分放棄を許可する審判を取消し又は変更することが許される | 合意の当事者以外の者が新たに旧代表者の推定相続人となった場合（例えば、旧代表者の再婚や新たな子の出生等）など一定の場合に該当するときは遺留分に関する効力は消滅する |
| 遺言書作成の必要性 | 相続の放棄ではないので、遺言書の作成は必ず必要 | 生前贈与株式等が民法特例の対象となるので、原則、遺言書は必要ではない |

第2章

遺留分制度の見直し

第**3**章

# 配偶者居住権

　この章では、被相続人の配偶者の居住権を保護するための方策として新たに設けられた、配偶者居住権の制度について、その概要を解説します。

　配偶者居住権は、相続開始の時に、配偶者が被相続人所有の建物に居住していた場合に、終身又は一定期間、その居住建物の全部について無償で使用及び収益をすることができる権利です。

　配偶者居住権は、大別すると、遺産分割が終了するまでの間といった比較的短期間に限りこれを保護する方策（配偶者短期居住権）と、配偶者がある程度長期間その居住建物を使用することができるようにするための方策（配偶者居住権）とに分かれています。

# 1 配偶者短期居住権

[平成32年4月1日施行民法1037]

配偶者短期居住権は、配偶者の居住権を短期的に保護するために新設された権利で、以下の内容となっています。

## 1 居住建物について、配偶者を含む共同相続人間で遺産の分割をすべき場合

配偶者は、相続開始の時に被相続人所有の建物に無償で居住していた場合には、遺産分割によりその建物の帰属が確定するまでの間、又は相続開始の時から6か月を経過する日のいずれか遅い日までの間、引き続き無償でその建物を使用することができます。

## 2 1以外の場合 （遺贈などにより配偶者以外の第三者が居住建物の所有権を取得した場合や、配偶者が相続放棄をした場合など）

配偶者が相続開始の時に被相続人所有の建物に無償で居住していた場合でも、居住建物の所有権を取得した者は、いつでも配偶者に対し配偶者短期居住権の消滅の申入れをすることができますが、配偶者は、その申入れを受けた日から6か月を経過する日までの間、引き続き無償でその建物を使用することができます。

## 3 配偶者短期居住権の評価方法

配偶者短期居住権は、配偶者が、住んでいた居住用不動産を6か月以上無償で使用することができる制度です。短期間でその居住権は消滅することから、相続財産として評価しないこととされています。

また、配偶者の具体的相続分から、配偶者短期居住権によって受けた利益について、その価額を控除することも要しません。

52

**図表 3-1** 配偶者短期居住権（配偶者の居住権を短期的に保護するための方策）

**1．従来制度**

【最判平成8年12月17日の判例法理】
　配偶者が、相続開始時に被相続人の建物に居住していた場合には、原則として、被相続人と相続人との間で使用貸借契約が成立していたと推認する。

 → 使用貸借契約の成立を推認 →
被相続人　　　　　　　　　　　　　　　　　　　配偶者

判例法理では、配偶者の保護に欠ける場合がある。
・第三者に居住建物が遺贈されてしまった場合
・被相続人が反対の意思を表示した場合
　→　使用貸借が推認されず、居住が保護されない。

**2．見直しのポイント**

　配偶者は、相続開始時に被相続人の建物（居住建物）に無償で住んでいた場合には、以下の期間、居住建物を無償で使用する権利（配偶者短期居住権）を取得する。
①配偶者が居住建物の遺産分割に関与するときは、居住建物の帰属が確定する日までの間（ただし、最低6か月間は保障）
②居住建物が第三者に遺贈された場合や、配偶者が相続放棄をした場合には居住建物の所有者から消滅請求を受けてから6か月

**3．制度導入のメリット**

　被相続人の建物に居住していた場合には、被相続人の意思にかかわらず保護。

   配偶者短期居住権
　　　　　配偶者

　被相続人が居住建物を遺贈した場合や、反対の意思を表示した場合であっても、配偶者の居住を保護することができる。
　他に、常に最低6か月間は配偶者の居住が保護されるというメリットもある。

出典：法務省ホームページ「配偶者短期居住権について」より作成

# 2 配偶者居住権 [平成32年4月1日施行民法1028]

配偶者が相続開始時に居住していた被相続人の所有建物を対象として、終身又は一定期間、配偶者のその使用又は収益を認めることを内容とする法定の権利が新設されました。

遺産分割における選択肢の一つとして、配偶者に配偶者居住権を取得させることができることとするほか、被相続人が遺贈によって配偶者に配偶者居住権を取得させることができることとなりました。

## 1 配偶者居住権の取得要件

配偶者が配偶者居住権を取得するためには、以下の2つの要件を満たす必要があります。

①被相続人の配偶者が、被相続人の建物に相続開始の時に居住していたこと。

②遺産分割又は遺贈により配偶者居住権を取得すること。

配偶者の居住権を確保するための施策については、平成32年（2020年）4月1日から施行されます。<u>施行日前にされた遺贈については適用しないこととされています。</u>

## 2 配偶者居住権の成立が認められない場合

被相続人が相続開始の時に、居住建物を「配偶者以外の者」（例えば、被相続人の子の一人）と共有していた場合には、配偶者居住権の成立を認めると、被相続人の死亡により他の共有持分権者の利益が不当に害されることになること等を考慮し、配偶者居住権の成立を認めないこととされています（**図表3-2**）。

| 図表 3-2 | 居住建物が配偶者以外の者と共有されていた場合 |

| | 共有関係 | 配偶者居住権の取得の可否 | |
|---|---|---|---|
| ① | 被相続人（父）の単有 | 可 | 最も多く想定される事例で、配偶者居住権を取得できる。 |
| ② | 父と母の共有 | | 配偶者居住権の成立を認めたとしても、不利益を受ける者はいないことから、配偶者居住権を取得できる。 |
| ③ | 父と子の共有 | 不可 | 母が居住を継続するためには、父の持分（所有権）の一部又は全部を取得する、又は他の共有者と賃貸借、使用貸借等の契約をする等の方法が考えられる。 |
| ④ | 父、母、及び子との共有 | | 母が共有者であるため、直ちに退去する必要はないものの、母が居住を継続するためには、他の共有者と賃貸借又は使用貸借等の契約をしておく必要がある。 |

　被相続人（父）の単有（**図表3-2①**）の場合には、「遺産分割又は遺贈」によって配偶者居住権を取得することが要件となります。

　共有関係において、母が持分を有している場合（**図表3-2②④**）には、共有持分に基づいて居住建物を使用することができますが、他の共有者からその使用利益について不当利得返還請求、又は、共有物の分割請求により配偶者が居住を継続することができなくなる恐れがあります。そのため、②の場合には、母は配偶者居住権を取得するようにします。

　父と子の共有の場合（**図表3-2③**）には、父から母が相続等によって持分の一部又は全部を取得できない場合には、母は居住建物の所有者と賃貸借又は使用貸借等の契約をする等の方法によって居住を継続することができます。

　配偶者居住権は遺言で設定することも可能ですが、<u>配偶者居住権を記載した遺言は、平成32年（2020年）4月1日以降でなければ作成できません[平成30年法律第72号附則10②]</u>。

### 図表 3-3　配偶者居住権（配偶者の居住権を長期的に保護するための方策）

**1．従来制度**

配偶者が居住建物を取得する場合には、他の財産を受け取れなくなってしまう。

例：相続人が妻及び子、遺産が自宅（2,000万円）及び預貯金（3,000万円）だった場合

**妻と子の相続分＝1：1（妻2,500万円　子2,500万円）**

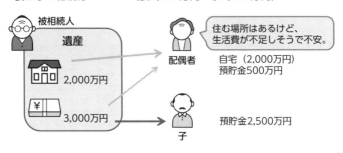

**2．見直しのポイント**

配偶者が相続開始時に居住していた被相続人所有の建物を対象として、終身又は一定期間、配偶者に建物の使用を認めることを内容とする法定の権利（配偶者居住権）を新設する。

➡ ①遺産分割における選択肢の一つとして、②被相続人の遺言等によって、配偶者に配偶者居住権を取得させることができるようにする。

**3．制度導入のメリット**

配偶者は自宅での居住を継続しながら、その他の財産も取得できる。

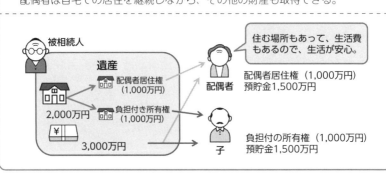

出典：法務省ホームページ「配偶者居住権について」より作成

## 3　配偶者居住権の内容

　配偶者居住権の存続期間は、配偶者の終身の間です。

　ただし、遺産分割協議もしくは遺言に別段の定めがあるとき、又は家庭裁判所が遺産の分割の審判において別段の定めをしたときは、その定めるところによります。

　配偶者居住権が認められる場合は、その効力は対象建物の全体に及びます。例えば、配偶者が従前居住していた建物のうち、一部は居住の用に供し、他の部分は店舗や賃貸物件など収益の用に供していた場合、配偶者は、その建物のうち、居住の用に供している部分のみならず、店舗や賃貸物件といった収益の用に供している部分まで使用及び収益することが認められることになります（この場合、一般的には、賃借人は、賃貸人たる地位を承継した居住建物の所有者に対して賃料を支払うこととなります）。

　ただし、建物の使用については、従前居住の用に供していた部分を収益の用に供してはならない（収益の用に供していた部分については新たに居住の用に供することは可）、という制限はあります［平成32年4月1日施行民法1032①］。また、居住建物を第三者に使用・収益させるときは、所有者の承諾が必要となる制限もあります［平成32年4月1日施行民法1032③後段］。

## 4　配偶者居住権の効力

### （1）設定登記［平成32年4月1日施行民法1031］

　居住建物の所有者は、配偶者居住権を取得した配偶者に対し、配偶者居住権の設定の登記を備えさせる義務を負います。この配偶者居住権の設定登記には、対抗要件としての効力がありますので、居住建物を譲り受けた第三者に対して、配偶者居住権を主張することができます。

### （2）妨害停止請求等［平成32年4月1日施行民法1031②］

　配偶者居住権の設定登記がなされた場合には、①居住建物の占有

を妨害する第三者に対して、妨害の停止を請求し、②居住建物を占有する第三者に対して、返還の請求をすることができます。

## （3）配偶者による使用及び収益 ［平成32年4月1日施行民法1032］

　配偶者は、従前の用法に従って、善良な管理者の注意をもって、居住建物の使用及び収益をしなければなりません。また、配偶者居住権は譲渡をすることができません。

　さらに、居住建物の所有者の承諾を得なければ、居住建物の改築や増築、又は第三者に居住建物の使用及び収益をさせることはできないとされています。

## （4）消滅事由

　配偶者居住権は、次の場合に消滅します。配偶者居住権が消滅した場合には、居住建物の返還・原状回復・収去等の義務が発生することとなります。ただし、配偶者が居住建物について共有持分を有する場合は、居住建物の所有者は、配偶者居住権が消滅したことを理由として居住建物の返還を求めることはできません。

### ①債務不履行に基づく居住建物所有者による消滅請求
　　［平成32年4月1日施行民法1032④］

　善管注意義務に違反し又は無断で増改築等をした場合は、居住建物の所有者が相当の期間を定めてその是正の催告をし、その期間内に是正がされないときは、居住建物の所有者は、配偶者に対する意思表示により、消滅させることができます。

### ②期間満了 ［平成32年4月1日施行民法1036］

　遺産分割・遺言、又は遺産分割の審判により期間を定めたときは、その期間満了時に消滅します。

### ③配偶者の死亡 ［平成32年4月1日施行民法1036］

　存続期間の満了前であっても、配偶者が死亡したときは、消滅します。

その場合には、建物所有者は単独で配偶者居住権の登記の抹消を
申請できます[**不動産登記法69**]。また、死亡以外の原因（合意解除
など）の場合は、抹消登記は建物所有者と配偶者が共同で申請しま
す。

#### ④居住建物の全部滅失等［平成32年4月1日施行民法1036］

　居住建物の全部が滅失その他の事由により使用・収益をすること
ができなくなったときは、消滅します。

# 3 配偶者居住権等の評価方法

民法の改正に伴い配偶者居住権が新設され、平成31年度税制改正において、相続税における配偶者居住権等の評価方法について、以下のように法定化されました。

## 1 建物（配偶者居住権）

### （1）配偶者居住権の価額

$$\text{建物の時価} - \text{建物の時価} \times \frac{（残存耐用年数 - 存続年数）}{存続耐用年数} \times \text{存続年数に応じた民法の法定利率による複利現価率}$$

#### ①残存耐用年数

耐用年数（住宅用）に1.5を乗じた年数から居住建物の築後経過年数を控除した年数（残存耐用年数及び築後経過年数は6月以上の端数は1年とし、6月に満たない端数は切捨て）

#### ②存続年数

1）配偶者居住権の存続期間が配偶者の終身の間である場合には、配偶者の平均余命※年数

2）1）以外の場合は定められた存続期間の年数（配偶者の平均余命※年数が上限）とする。

※平均余命：財務省令で定める平均余命を用いることとされ、「厚生労働省の作成に係る完全生命表に掲げる年齢及び性別に応じた平均余命（1年未満の端数があるときは、これを切り捨てた年数）とする。」**[相規12の3]** とされています（**図表3-5**）。

#### ③残存耐用年数又は残存耐用年数から存続年数を控除した年数がゼロ以下となる場合

上記算式の $\dfrac{（残存耐用年数 - 存続年数）}{存続耐用年数}$ はゼロとする。

**（2）配偶者居住権が設定された建物の所有権の価額**

> 建物の時価－配偶者居住権の価額

## 2 配偶者居住権に基づく居住建物の敷地

**（1）配偶者居住権に基づく居住建物の敷地の利用に関する権利の価額**

> 土地等の時価－土地等の時価×存続年数に応じた民法の法定利率による複利現価率

**（2）配偶者居住権が設定された居住建物の敷地の価額**

> 土地等の時価－敷地の利用に関する権利の価額

第3章

配偶者居住権

---

【設例】居住専用住宅の場合

1．母（75歳）が配偶者居住権（終身利用する）を取得

　①平均余命　15年（財務省令で定める平均余命を用いる）

　②法定利率３％の場合の複利現価率（15年）0.642

2．居住用不動産の価額

　①居住用建物の価額　500万円（法定耐用年数22年、築後10年経過）

　②①の敷地の価額　1,500万円

3．配偶者居住権等の評価額

　①建物

　　$500万円 － 500万円 × \dfrac{（23年－15年）}{23年} × 0.642 ≒ 388万円$

　　＊残存耐用年数　22年×1.5－10年＝23年

　②①の敷地

　　1,500万円－1,500万円×0.642＝537万円

　③配偶者居住権等の価額

　　①＋②≒925万円

61

【設例2】賃貸併用住宅の場合

1．母（75歳）が配偶者居住権（終身利用する）を取得
  ①平均余命　15年（財務省令で定める平均余命を用いる）
  ②法定利率3％の場合の複利現価率（15年）0.642
2．居住用不動産の価額
  ①父が所有する土地5,625万円（自用地評価額）。父が2/3、母が1/3所有している。
  ②①の土地上に賃貸併用住宅（自用家屋の評価額1,875万円。賃貸の用に供している床面積6/10）が建っていて、父が2/3、母が1/3所有している。
3．配偶者居住権等の評価額 [相令5の8①三]
  ①建物（法定耐用年数22年、築後10年経過）
    1,875万円×4/10（住居部分）×2/3（父の持分）＝500万円

    $$500万円 - 500万円 \times \frac{(23年 - 15年)}{23年} \times 0.642 ≒ 388万円$$

    ＊残存耐用年数　22年×1.5－10年＝23年
  ②①の敷地
    5,625万円×4/10（住居部分）×2/3（父の持分）＝1,500万円
    1,500万円－1,500万円×0.642＝537万円
  ③配偶者居住権等の価額
    ①＋②＝925万円

**図表 3-4** 複利表（国税庁）

| 年数 | 年3％の複利年金現価 | 年3％の複利現価 | 年3％の年賦償還率 | 年2％の複利終価 |
|---|---|---|---|---|
| 1 | 0.971 | 0.971 | 1.030 | 1.020 |
| 2 | 1.913 | 0.943 | 0.523 | 1.040 |
| 3 | 2.829 | 0.915 | 0.354 | 1.061 |
| 4 | 3.717 | 0.888 | 0.269 | 1.082 |
| 5 | 4.580 | 0.863 | 0.218 | 1.104 |
| 6 | 5.417 | 0.837 | 0.185 | 1.126 |
| 7 | 6.230 | 0.813 | 0.161 | 1.148 |
| 8 | 7.020 | 0.789 | 0.142 | 1.171 |
| 9 | 7.786 | 0.766 | 0.128 | 1.195 |
| 10 | 8.530 | 0.744 | 0.117 | 1.218 |
| 11 | 9.253 | 0.722 | 0.108 | 1.243 |
| 12 | 9.954 | 0.701 | 0.100 | 1.268 |
| 13 | 10.635 | 0.681 | 0.094 | 1.293 |
| 14 | 11.296 | 0.661 | 0.089 | 1.319 |
| 15 | 11.938 | 0.642 | 0.084 | 1.345 |
| 16 | 12.561 | 0.623 | 0.080 | 1.372 |
| 17 | 13.166 | 0.605 | 0.076 | 1.400 |
| 18 | 13.754 | 0.587 | 0.073 | 1.428 |
| 19 | 14.324 | 0.570 | 0.070 | 1.456 |
| 20 | 14.877 | 0.554 | 0.067 | 1.485 |
| 21 | 15.415 | 0.538 | 0.065 | 1.515 |
| 22 | 15.937 | 0.522 | 0.063 | 1.545 |
| 23 | 16.444 | 0.507 | 0.061 | 1.576 |
| 24 | 16.936 | 0.492 | 0.059 | 1.608 |
| 25 | 17.413 | 0.478 | 0.057 | 1.640 |
| 26 | 17.877 | 0.464 | 0.056 | 1.673 |
| 27 | 18.327 | 0.450 | 0.055 | 1.706 |
| 28 | 18.764 | 0.437 | 0.053 | 1.741 |
| 29 | 19.188 | 0.424 | 0.052 | 1.775 |
| 30 | 19.600 | 0.412 | 0.051 | 1.811 |

**図表 3-5** 平均余命（平成27年〈第22回〉完全生命表）（厚生労働省）

（単位：年）

| 年齢 | 男性 | 女性 | 年齢 | 男性 | 女性 |
|---|---|---|---|---|---|
| 0歳 | 80.75 | 86.99 | 50歳 | 32.36 | 38.07 |
| 5歳 | 75.98 | 82.20 | 55歳 | 27.85 | 33.38 |
| 10歳 | 71.02 | 77.23 | 60歳 | 23.51 | 28.77 |
| 15歳 | 66.05 | 72.26 | 65歳 | 19.41 | 24.24 |
| 20歳 | 61.13 | 67.31 | 70歳 | 15.59 | 19.85 |
| 25歳 | 56.28 | 62.37 | 75歳 | 12.03 | 15.64 |
| 30歳 | 51.43 | 57.45 | 80歳 | 8.83 | 11.71 |
| 35歳 | 46.58 | 52.55 | 85歳 | 6.22 | 8.30 |
| 40歳 | 41.77 | 47.67 | 90歳 | 4.27 | 5.56 |
| 45歳 | 37.01 | 42.83 | 95歳 | 2.98 | 3.63 |

平成32年（2020年）４月１日以前の民法第404条（法定利率）による、法定利率は年５分（５％）とされている規定は、次のように改められます。

　この改正は、平成32年（2020年）４月１日から施行されます。

①利息を生ずべき債権について別段の意思表示がないときは、その利率は、当該利息が生じた最初の時点における法定利率による。

②法定利率は、年３％とする。

③②にかかわらず、法定利率は、法務省令で定めるところにより、３年を１期として、１期ごとに④の規定により変動する。

④各期の法定利率は、以下の規定により法定利率に変動があった期のうち直近のもの（当該変動がない場合は改正法の施行時の期。以下「直近変動期」）の基準割合※と当期の基準割合との差に相当する割合（１％未満の端数は切捨て）を直近変動期の法定利率に加算し、又は減算した割合とする。

※基準割合とは、法務省令で定めるところにより、「各期の初日の属する年の６年前の年の１月から前々年の12月までの各月」における短期貸付の平均利率（当該各月において銀行が新たに行った貸付け（貸付期間が１年未満のものに限る）に係る利率の平均）の合計を60で除して計算した割合（0.1％未満の端数は切捨て）として法務大臣が告示する割合をいう。

注）法定利率を変動制にしたため、どの時点の法定利率を適用するかの基準時を定める必要があるため、①の規定が設けられた。そのためその時点より後に法定利率が変動しても、適用される法定利率は変わらない。

図表 3-6　配偶者居住権の価値評価について（簡易な評価方法）

## 簡易な評価方法の考え方

法制審議会民法（相続関係）部会において事務当局が示した考え方[1]

（平成29年３月28日第19回部会会議資料より）

※１　相続人間で、簡易な評価方法を用いて遺産分割を行うことに合意がある場合に使うことを想定したものであるが、不動産鑑定士協会からも一定の合理性があるとの評価を得ている。
※２　負担付所有権の価値は、建物の耐用年数、築年数、法定利率等を考慮し配偶者居住権の負担が消滅した時点の建物敷地の価値を算定した上、これを現在価値に引き直して求めることができる（負担消滅時までは所有者は利用できないので、その分の収益可能性を割り引く必要がある）。

## 評価の具体例

事例：同年齢の夫婦が35歳で自宅（木造）を新築。
　　　妻が75歳のときに夫が死亡。
　　　その時点での土地建物の価値4,200万円※。

※東京近郊（私鉄で中心部まで約15分、駅徒歩数分）の実例（敷地面積90平米、木造２階建て、４DK＋S、築40年）を参考に作成。

終身の間（平均余命を前提に計算[1]）の配偶者居住権を設定したものとして計算[2]。この場合、配偶者居住権の価値は1,500万円となり、約35パーセントにその価値を圧縮することができる。

※１　図表3-5を参照。
※２　この事例では、配偶者居住権消滅時の建物の価値がゼロ円となるため、土地の価格（4,200万円）を法定利率年３％で15年分割り戻したもの。

出典：法務省ホームページ「配偶者居住権について」より作成

# 4 相続税等への影響

配偶者居住権の制度が創設されたことによる、相続税等への影響には、次のようなことが考えられます。

## 1 配偶者居住権と居住用不動産（負担付所有権）に分離して相続させる

配偶者居住権等は他に譲渡することができない［平成32年4月1日施行民法1032②］、又は相続によって消滅する［平成32年4月1日施行民法1036において準用する597③］ことから、再婚した妻へ配偶者居住権を、先妻の子へ居住用不動産（負担付所有権）をそれぞれ相続させると、妻の死亡により先妻の子が完全所有権としてその居住用不動産を承継することができます。

例えば、後妻との間に子のいない夫は、後妻に居住用不動産を残したいが、後妻の死亡後は、後妻の親や兄弟、又は後妻が再婚するかもしれない将来の夫に相続させるよりも、自分と先妻との間の子に承継させたいと望むケースでは、「後継ぎ遺贈型受益者連続信託（受益者の死亡により他の者が新たに受益権を取得する旨の定めのある信託の特例）［信託法91］」を活用する方法がベストです。

信託以外の方法では、①遺言書による方法が考えられますが、妻へ居住用不動産を相続させる旨の遺言は有効であるものの、妻が死亡した後に夫の子に居住用不動産を相続させる旨の遺言は無効と考えられています。

また、②妻と子が養子縁組を行い相続する方法では、養子縁組は当事者の合意によって、又は離縁の調停や裁判によって離縁することができ、③妻が遺言書を残し夫の子に遺贈する方法では、遺言書は妻が単独で新たに書き換えることも可能なので、いずれも確実な方法とはいえません。

以上のことから、信託、養子縁組又は妻の遺言書によらない方法

として、「配偶者居住権等を配偶者に相続させ、負担付き所有権は
夫の子へ相続させる」ことで、妻は夫の死亡後においても居住用不
動産に住み続けることができ、夫の子は将来その居住用不動産を確
実に完全所有権として承継することができます。

　遺産分割によることもできますが、夫が、配偶者居住権等を配偶
者に相続させ、負担付き所有権は夫の子へ相続させる内容の遺言を
作成することによって、より確実に承継することができます。

## 2　配偶者居住権等の設定による相続税の負担軽減

　配偶者居住権等を配偶者が相続しても、配偶者は相続税額の軽減
の規定によって納付税額が軽減されます。一方、その居住建物やそ
の敷地を相続した子においても、その居住建物やその敷地の所有権
等の価額は、配偶者居住権やその敷地の利用に関する権利を控除し
て評価されることから、相続税の負担が軽減される事例が多いと思
われます（詳細は第5章参照）。

## 3　配偶者居住権の設定登記と担保権者への影響

　配偶者居住権は設定登記ができる上、登記請求権があるため登記
される事例が多くなると思われます。その場合、居住建物の価額（固
定資産税評価額）に対し1000分の2の税率により登録免許税が課さ
れ、相続による移転登記（登録免許税は1000分の4の税率）と比較
すると軽減された税率になります。

　配偶者居住権が登記された場合、担保権者と配偶者居住権を取得
した生存配偶者との間でどちらが優先するかは対抗問題（登記の先
後）で解決することになると思われます。そのため、担保権者とし
ては先に登記を備えておくことがより重要になりますが、仮に登記
で勝てたとしても、いずれにせよ、生存配偶者との交渉は避けられ
ないと思われます。

第3章

配偶者居住権

67

## 4 配偶者が「遺贈」によって取得すること

　相続人に対して財産を相続させようと考える場合に、遺言書には「相続させる」と記載するのが基本です。しかし、配偶者居住権については、平成32年（2020年）4月1日施行民法第1028条第1項第二号において、「配偶者居住権が遺贈の目的とされたとき」に取得すると規定されています。そのため、遺言書には配偶者に「遺贈する」と記載することについても留意しておかなければなりません。

　これは、相続させる旨の遺言の場合、配偶者が配偶者居住権の取得を希望しないときにも、配偶者居住権の取得のみを拒絶することができずに、相続放棄をするほかないこととなり、かえって配偶者の利益を害する恐れがあること等を考慮したものです（相続させる旨の遺言により、遺産の全部を対象として各遺産の帰属が決められ、その中で、「配偶者に配偶者居住権を相続させる」旨が記載されていた場合でも、配偶者居住権に関する部分については、遺贈の趣旨であると解するのが遺言者の合理的意思に合致するものと考えられます）。

　また、被相続人は、その生前に配偶者との間で配偶者居住権を目的とする死因贈与契約を締結することもできます。平成32年（2020年）4月1日施行の民法第1028条第1項各号には死因贈与は挙げられていませんが、死因贈与については、民法第554条においてその性質に反しない限り遺贈に関する規定が準用されることから、民法第1028条第1項各号に列挙されなかったに過ぎず、死因贈与による配偶者居住権の成立を否定する趣旨ではありません。

　「相続させる」と「遺贈する」との相違点は**図表3-7**のとおりですので、遺言書への表記方法について慎重に検討しておかなければなりません。

| 図表 3-7 | 「相続させる」「遺贈する」との相違点 |

| | 相続人以外の者 | | 相続人 |
|---|---|---|---|
| | 特定遺贈 | 包括遺贈 | |
| 遺言書への記載方法 | 相続人以外の者へ財産を取得させる場合には「遺贈する」と書く。相続人以外の者へ「相続させる」とは書けない。「相続させる」旨の遺言がなされた場合、その所有権移転登記の登記原因は「遺贈」となる。 | | 「相続させる」又は「遺贈する」のいずれの表記によることもできる。 |
| 放棄の手続き | 特定遺贈はいつでも放棄することができる。放棄の意思表示は、遺言執行者又は相続人全員に対して行う。 | 包括遺贈の放棄は自分のために包括遺贈があったことを知った時から３か月以内に家庭裁判所に申述する必要がある。 | 相続の放棄は自分のために相続があったことを知った時から３か月以内に家庭裁判所に申述する必要がある。相続人が遺贈を放棄しても相続人としての地位は残る。 |
| 不動産の登記手続き | 受遺者と、遺言執行者（遺言執行者の定めがない場合には、遺贈者の相続人全員）との共同申請により登記申請をしなければならない。このため、遺言執行者（又は遺言執行者の定めがない場合には、遺贈者の相続人全員）の印鑑証明書、権利書等が必要となる。 | | 「相続させる」と記載されている場合には、その不動産を相続する者が単独で登記申請できる。「遺贈する」と記載されている場合には、受遺者と、遺言執行者（又は遺言執行者の定めがない場合には、遺贈者の相続人全員）との共同申請により登記しなければならない。 |
| 第三者対抗要件 | 登記をしなければ債権者に対して自分の権利を主張することができない。 | | 法定相続分以下の部分については、登記がなくても対抗できる※。 |
| 賃貸人の承諾 | 借地権や借家権の場合、賃貸人の承諾が必要。 | | 賃貸人の承諾は不要。 |
| 相続等による農地の取得 | 農地法による農業委員会又は知事の許可が必要 | 農地法による許可は不要。 | |
| 登録免許税 | 贈与と同じ税率（20/1000）で課税される（相続人に対する遺贈の場合は、4/1000の税率とされる）。 | | 遺贈と記載されていても相続による軽減税率（4/1000）とされる。 |
| 不動産取得税 | 不動産取得税が課される。 | | 相続（包括遺贈及び被相続人から相続人に対してなされた遺贈を含む）による不動産の取得については、不動産取得税は課されない。 |

※民法改正後は、相続させる旨の遺言についても、法定相続分を超える部分については登記等の対抗要件を具備しなければ債務者・第三者に対抗することができないこととされました。

## 5 配偶者居住権が設定された建物及びその敷地は 物納劣後財産

配偶者居住権が設定された建物及びその敷地について、物納劣後財産とすることとされました。

国税は、金銭で納付することが原則ですが、相続税については、延納によっても金銭で納付することを困難とする事由がある場合には、納税者の申請により、その納付を困難とする金額を限度として一定の相続財産による物納が認められています。

なお、その相続税に附帯する加算税、利子税、延滞税及び連帯納付義務により納付すべき税額等は、物納の対象とはなりません。

物納に充てることができる財産は、納付すべき相続税額の課税価格計算の基礎となった財産※で、日本国内にあるもののうち、**図表3-8**に掲げる財産（相続財産により取得した財産を含む）で、①〜⑤の順位によることとされています。

なお、後順位の財産は、税務署長が特別の事情があると認める場合、及び先順位の財産に適当な価額のものがない場合に限って、物納に充てることができます。

※生前贈与加算の規定により相続税の課税価格に加算されたものを含み、相続時精算課税による贈与財産、又は非上場株式等についての贈与税の納税猶予の適用を受けている株式等を除きます。

### 図表3-8 物納劣後財産を含めた申請の順位

| 順位 | 物納に当てることのできる財産の種類 |
|---|---|
| 第1順位 | ①不動産、船舶、国債証券、地方債証券、上場株式等（特別の法律により法人の発行する債券及び出資証券を含み、短期社債等を除く） |
| | ②不動産及び上場株式のうち物納劣後財産に該当するもの |
| 第2順位 | ③非上場株式等（特別の法律により法人の発行する債券及び出資証券を含み、短期社債等を除く） |
| | ④非上場株式のうち物納劣後財産に該当するもの |
| 第3順位 | ⑤動産 |

物納に充てることができる財産は、管理処分不適格財産に該当しないものであること、及び物納劣後財産に該当する場合には他に物納に充てるべき適当な財産がないことなどの要件があります。

そのことから、配偶者居住権が設定されている建物及びその敷地は、物納を選択することが困難と判定されます。

## 6 小規模宅地等の特例の適用

配偶者が相続した「配偶者居住権に基づく居住建物の敷地の利用に関する権利」や、同居の子が取得した「配偶者居住権が設定された居住建物の敷地の所有権等」について、小規模宅地等の特例の現行要件の充足で、特定居住用宅地等として特例の適用を受けることができます［措法69の4①］。

この場合、特例対象宅地等の面積については、その宅地等の価額に配偶者居住権（又は負担付所有権の価額）の価額の割合を乗じて得た面積とされます［措令40の2⑥］。

特定居住用宅地等の特例とは、個人が、相続又は遺贈により取得した財産のうち、被相続人等の居住の用に供されていた宅地等で、一定の要件を満たす場合に、330m²までの部分について通常の相続税評価額から80%減額することができる特例です。

この特定居住用宅地等の特例の適用要件は、**図表3-9**のように定められています。

第3章

配偶者居住権

71

| 図表 3-9 | 小規模宅地等の特例（特定居住用宅地等）の概要 |

| 取得者 | 要件 | 内容 |
|---|---|---|
| 配偶者 | － | － |
| 右の要件に該当する者 | 居住継続の要件 | 相続開始直前においてその宅地等の上に存する家屋に被相続人と同居しており、かつ、相続税の申告期限までその家屋に居住していること |
| | 保有継続の要件 | その宅地等を相続税の申告期限まで保有していること |
| 右の要件に該当する者（居住制限納税義務者又は非居住制限納税義務者のうち日本国籍を有しない者ではないこと） | 人的構成の要件 | 被相続人の配偶者又は相続開始直前において被相続人の居住の用に供されていた家屋に居住していた親族※1がいないこと |
| | 家屋を所有し、居住しないことの要件 | 相続開始前3年以内に日本国内にある自己、自己の配偶者、自己の三親等内の親族又はその親族と特別の関係のある一定の法人※2・3が所有する家屋（相続開始直前において被相続人の居住の用に供されていた家屋を除く）に居住したことがないこと※3 |
| | 家屋を所有していなかったことの要件 | 相続開始時に自己の居住している家屋を相続開始前のいずれの時においても所有していたことがないこと※3 |
| | 保有継続の要件 | その宅地等を相続税の申告期限まで保有していること |

※1：ここでいう親族とは、被相続人の民法に規定する相続人（相続の放棄があった場合には、その放棄がなかったものとした場合における相続人）をいいます。
※2：ここでいう一定の法人とは、親族等が法人の発行済株式総数等の10分の5を超える数又は金額の株式等を有する場合におけるその法人、その子会社及び孫会社などをいいます。
※3：平成32年（2020年）3月31日までに開始した相続等により取得する財産については、経過措置の適用を受けることができます。

## 7 配偶者居住権消滅時の課税関係

　配偶者の死亡により配偶者居住権は消滅します。その場合、消滅した配偶者居住権の価額に相当する利益について課税関係は生じません [相基通9-13の2注書き]。

　また、配偶者居住権を登記することにより、第三者にその権利を主張することができますが、配偶者居住権は譲渡できません。

　しかし、配偶者居住権の対象となっている建物等を、建物等所有者が売却などを行う際に、配偶者が配偶者居住権を放棄することになった場合などは、原則として、建物等所有者が、その消滅直前における当該配偶者が有していた配偶者居住権の価額に相当する利益の金額を贈与によって取得したものとされます [相基通9-13の2]。

# その他の民法改正

　この章では、第1章から第3章までに解説した民法改正以外の改正で、「持戻し免除の意思表示の推定規定の整備」「特別寄与制度の創設」など、遺言に関連する項目について解説することとします。

# 1 持戻し免除の意思表示の推定

今回の民法改正において、婚姻期間20年以上の夫婦間の居住用不動産について遺贈又は贈与があった場合に、「持戻し免除の意思表示の推定規定」が整備されました。

## 1 制度の概要

婚姻期間が20年以上である夫婦の一方配偶者が、他方配偶者に対し、その居住用建物又はその敷地（居住用不動産）を遺贈又は贈与した場合については、民法第903条第3項の持戻しの免除の意思表示があったものと推定し、遺産分割においては、原則として当該居住用不動産の持戻し計算を不要としました［民法903④］。つまり、当該居住用不動産の価額を、特別受益として扱わずに計算をすることができます。

この改正は、既に平成31年（2019年）7月1日から施行されており、施行日前にされた遺贈又は贈与については適用しないこととされています［平成30年法律第72号附則4］。

## 【設例】

1．被相続人：夫（平成31年10月死亡）
2．相 続 人：妻・長男
3．相続財産：その他の財産　4,000万円

　　　　　　なお、妻は夫から贈与税の配偶者控除によって居住用
　　　　　　不動産2,000万円を、平成31年8月に贈与を受けている。

4．遺産分割

(単位：万円)

| | 改正前 | | 改正後 | |
|---|---|---|---|---|
| | 妻 | 長男 | 妻 | 長男 |
| みなし遺産価額 | 6,000 | | 4,000 | |
| 法定相続分で相続 | 3,000 | 3,000 | 2,000 | 2,000 |
| 特別受益額 | △2,000 | － | － | － |
| 具体的相続分 | 1,000 | 3,000 | 2,000 | 2,000 |
| 遺留分侵害額の判定 | 特別受益額を加味した「みなし遺産価額」を基に法定相続分で相続するため、遺留分の侵害はない。 | | 特別受益額を加味した「みなし遺産価額」を基に遺留分の侵害額を判定しても、遺留分の侵害はない。<br><br>長男の遺留分の侵害の判定<br>(2,000万円＋4,000万円)<br>×1/2 (総体的遺留分割合)<br>×1/2 (長男の法定相続分)<br>＝1,500万円≦2,000万円<br>∴遺留分の侵害はない。 | |

注）夫から生前贈与を受けた居住用不動産は、持戻し免除によって、みなし
　　遺産価額に含まれない。

### 図表 4-1　長期間婚姻している夫婦間で行った居住用不動産の贈与等を保護するための施策

#### 1．従来制度

贈与等を行ったとしても、原則として遺産の先渡しを受けたものとして取り扱うため、配偶者が最終的に取得する財産額は、結果的に贈与等がなかった場合と同じになる。　➡　被相続人が贈与等を行った趣旨が遺産分割の結果に反映されない。

事例　相続人：配偶者と子2名（長男と長女）
　　　遺　産：居住用不動産（持分2分の1）2,000万円（評価額）、その他の財産6,000万円
　　　配偶者に対する贈与：居住用不動産（持分2分の1）2,000万円

配偶者の取り分を計算する時には、生前贈与分についても相続財産とみなされるため、
（8,000万＋2,000万）×1/2－2,000万
＝3,000万円となり、最終的な取得額は、
3,000万＋2,000万＝5,000万円となる。
結局、贈与があった場合とそうでなかった場合とで、最終的な取得額に差異がないこととなる。

#### 2．見直しのポイント

婚姻期間が20年以上である配偶者の一方が他方に対し、その居住の用に供する建物又はその敷地（居住用不動産）を遺贈又は贈与した場合は、原則、計算上遺産の先渡し（特別受益）を受けたものとして取り扱わなくてよいこととする。
　⇒　このような場合における遺贈や贈与は、配偶者の長年にわたる貢献に報いるとともに、老後の生活保障の趣旨で行われる場合が多い。
　→　遺贈や贈与の趣旨を尊重した遺産の分割が可能となる（法律婚の尊重、高齢の配偶者の生活保障に資する）。

#### 3．制度導入のメリット

このような規定（被相続人の意思の推定規定）を設けることにより、原則として遺産の先渡しを受けたものと取り扱う必要がなくなり、配偶者は、より多くの財産を取得することができる。　➡　贈与等の趣旨に沿った遺産の分割が可能となる。

同じ事例において、生前贈与分について相続財産とみなす必要がなくなる結果、配偶者の遺産分割における取得額は、8,000万×1/2＝4,000万円となり、最終的な取得額は、4,000万＋2,000万＝6,000万円となり、贈与がなかったとした場合に行う遺産分割より多くの財産を最終的に取得できることとなる。

出典：法務省ホームページ「長期間婚姻している夫婦間で行った居住用不動産の贈与等について」より作成

| 図表 4-2 | 贈与税の配偶者控除と民法の相違点 |

|  | 贈与税の配偶者控除<br>[相法21の6] | 民法 [903④] |
|---|---|---|
| 婚姻期間 | 20年以上 | 20年以上 |
| 贈与財産の種類 | 居住用不動産又は居住用不動産を取得するための金銭 | 居住用不動産 |
| 取得原因 | 贈与 | 遺贈又は贈与 |
| 持戻し免除の取扱い | 意思表示が必要 | 意思表示があったものとする |

注）贈与税の配偶者控除においては、配偶者が居住用不動産を取得するための金銭もその控除の対象となりますが、民法における持戻し免除の意思表示の推定規定については、居住用不動産のみが対象とされます。

## 2 特別受益の持戻し

　民法に定める基本的な相続分は、被相続人の遺言による指定相続分と遺言がない場合の法定相続分の2つです。このほか、相続人間の財産相続の実質的衡平の観点から設けられた「特別受益者の相続分」は、遺贈や一定の贈与があった場合に、遺産中から処分された財産価額を再び遺産に持ち戻した「みなし遺産価額」を基に、指定相続分又は法定相続分を適用して各相続人の相続分額を求め、受遺者・受贈者である相続人は、持戻し額を控除した残額を相続分額とするものです。

---

【設例】
1．遺産の額：2,400万円
2．法定相続人：長男・二男・長女
3．特別受益：長女が600万円の特別受益を受けている
4．みなし相続財産：2,400万円＋600万円＝3,000万円
5．各人の相続分
　・長男　3,000万円×1/3＝1,000万円
　・二男　3,000万円×1/3＝1,000万円
　・長女　3,000万円×1/3－600万円＝400万円

特別受益の持戻しの対象とされるのは、相続人（共同相続人）に限られます。これは、特別受益者が存する場合の相続分の算定規定が、被相続人に係る遺産分割に際して、共同相続人中に、被相続人から遺贈又は一定の贈与を受けた者が存する場合における各共同相続人間の衡平を担保するために設けられた取扱いを定めたものであることに基因するものです。

　相続分の算定のため「持戻し」をすべき「特別受益」について、遺贈はそのすべてを対象にしていますが、贈与については、その贈与目的のうち、①婚姻・養子縁組のための贈与と、②生計の資本としての贈与に限って対象としています。このうち「生計の資本としての贈与」は、不確定概念であり判定が難しいこともありますが、この規定の趣旨が相続人間の財産取得権の衡平にあることに鑑みると、「生計の資本」の解釈上疑義がある贈与であっても、比較的多額な贈与財産は持戻しをすべき特別受益と解するのが相当でしょう。

　なお、民法第903条第3項において「被相続人が前2項の規定（持戻しを行う旨の規定）と異なった意思表示をしたときは、その意思に従う。」旨を規定していて、この意思表示は「持戻し免除」と呼ばれています。遺贈や贈与を効果的に行うために「持戻し免除」の意思表示を（できれば遺言で）しておくことが肝要です。

　持戻し免除の意思表示については、実務上、配偶者に対する贈与に関して、比較的多くなされています。

　裁判例でも、被相続人が妻に土地の共有持分を贈与したのは、長年にわたる妻としての貢献に報い、その老後の生活の安定を図るためであって、妻には他に老後の生活を支えるに足る資産も住居もない事情の下では、黙示の持戻し免除の意思表示をしたものと解するのが相当であるとされています [東京高等裁判所：平成8年8月26日決定]。

# 2 特別寄与制度の創設

## 1 相続人による寄与

寄与分［民法904の2］制度は、昭和55年の民法改正により創設され、共同相続人中で被相続人の財産の維持又は増加に特別の寄与をした者があるとき、被相続人の財産からその寄与分を差し引いたものを相続財産とし、その者の相続分は法定相続分に寄与分を加えた額とする制度で、寄与分については共同相続人の協議によって定めるのが原則です。協議が調わないときは、家庭裁判所が諸般の事情を考慮に入れて決定することとされています。

寄与分は、家事従事型、療養看護型、金銭出資型、扶養型、財産管理型などの類型がありますが、一般的な親族間の扶養ないし協力義務を超える特別な寄与行為がある場合に限り寄与分が認められています。

■**大阪家庭裁判所（平成19年2月26日/審判）**
　寄与分を認めるためには、当該行為がいわゆる専従性、無償性を満たし、一般的な親族間の扶養ないし協力義務を超える特別な寄与行為に当たると評価できることが必要である。

■**神戸家庭裁判所（平成4年12月28日/審判）**
　被相続人は、昭和44年ころ、高血圧と心臓病が悪化したことから、以後は申立人に扶養されていた。昭和48年末ころからは、上記持病に老衰も加わって、寝たきりの状態となった。近隣には入院できる病院はなく、また、被相続人も入院を嫌ったため、自宅療養し、申立人の妻花子が専らその付添看護を行っていた。花子は、被相続人の病状が進行した昭和49年3月ころからは、垂れ流しの大小便の世話のため、30分以上の外出をすることができなくなり、被相続人の発作の危険が増した昭和50年12月ころからは、昼夜、被相続人の側に付きっきりで看護した。そのため、花子は、慢性的な睡眠不足となり、被相続人の死後、長期間の看病疲れから自律神経失調症を患ったほどであった。

第4章　その他の民法改正

以上のような花子の被相続人に対する献身的看護は、親族間の通常の扶助の範囲を超えるものがあり、そのため、被相続人は、療養費の負担を免れ、遺産を維持することができたと考えられるから、遺産の維持に特別の寄与貢献があったものと評価するのが相当であるところ、右看護は、申立人の妻として、申立人と協力しあい、申立人の補助者又は代行者としてなされたものであるから、本件遺産分割に当たっては、申立人の寄与分として考慮すべきである。

図表 4-3　**寄与分が認められた裁判例**

| 裁判所 | 審判／決定年月日 | 遺産総額 | 寄与分 | 特別の寄与の内容 |
|---|---|---|---|---|
| 東京高等裁判所 | 平成22年9月13日 | 3,062万円 | 400万円 | 介護が13年余りの長期間にわたって継続して行われ、同居の親族の扶養義務の範囲を超え、相続財産の維持に貢献した側面があると評価することが相当。 |
| 大阪家庭裁判所 | 平成19年2月26日 | 22,902万円 | 750万円 | 6年間にわたり排泄にまつわる介護を行った。 |
| 京都家庭裁判所 | 平成18年10月24日 | 9,360万円 | 2,808万円 | 48年間同居し、農業の手伝い、不動産の取得や維持管理のために3,448万円を支出。一方、同居の親族として本件建物を自宅として無償で使用、農作物等を消費するなど、被相続人との同居により生活上の利益を得ていた。 |
| 神戸家庭裁判所 | 平成4年12月28日 | 851万円 | 120万円 | 親族間の通常の扶助の範囲を超える献身的看護があった。 |

## 2 被相続人の親族（相続人以外）の特別の寄与

　被相続人の子の妻が被相続人を長年介護するといったことは現実によく見られますが、寄与分は共同相続人の中だけで認められ、子の妻は相続人ではないので、これまで寄与分は認められませんでした。家庭裁判所は子の妻の介護による貢献を、子の行為と同一とみなして寄与分を認めるなどして柔軟に対処してきましたが、夫が被相続人より先に死亡している場合は、このような対処はできないという問題や、被相続人の兄弟姉妹による貢献についても寄与分を認めなければ不公平であるという問題が残っていました。

　今回新設された「特別寄与制度」は、被相続人に対して無償で療養看護その他の労務の提供をしたことにより、被相続人の財産の維持又は増加について特別の寄与をした被相続人の親族（相続人、相続放棄をした者、相続欠格事由のある者、廃除された者を除く。以下「特別寄与者」）は、相続開始後、相続人に対し、特別寄与者の寄与に応じた額の金銭（特別寄与料）の支払いを請求することができるというものです。

　ただし、相続の開始後、相続人に対し特別寄与者が相続の開始及び相続人を知った時から6か月を経過したとき、又は相続開始の時から1年を経過したときは特別寄与料の支払いを請求することができません。

　この改正は、既に平成31年（2019年）7月1日から施行されており、施行日前に開始した相続については従前の例によることとされています。

第4章　その他の民法改正

図表 4-4　特別寄与制度（相続人以外の者の貢献を考慮するための方策）

## 1．従来制度

相続人以外の者は、被相続人の介護に尽くしても、相続財産を取得することができない。

例：亡き長男の妻が、被相続人の介護をしていた場合

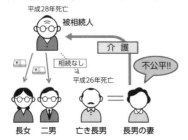

- 被相続人が死亡した場合、相続人（長女・二男）は、被相続人の介護を全く行っていなかったとしても、相続財産を取得することができる。
- 他方、長男の妻は、どんなに被相続人の介護に尽くしても、相続人ではないため、被相続人の死亡に際し、相続財産の分配にあずかれない。

## 2．見直しのポイント

相続人以外の親族が、被相続人の療養看護等を行った場合、一定の要件の下で、相続人に対して金銭の支払いを請求することができることとする。

## 3．制度導入のメリット

相続開始後、長男の妻は、相続人（長女・二男）に対して、金銭の請求をすることができる。

➡　介護等の貢献に報いることができ、実質的公平が図られる。

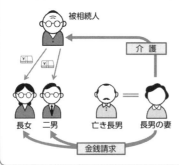

- 遺産分割の手続きが過度に複雑にならないように、遺産分割は、現行法と同様、相続人（長女・二男）だけで行うこととしつつ、相続人に対する金銭請求を認めることとしたもの。

出典：法務省ホームページ「相続人以外の者の貢献を考慮するための方策」より作成

## 3　特別寄与があった場合の課税関係

　特別寄与者が受け取った特別寄与料への課税については、特別寄与者が支払いを受けるべき特別寄与料の額が確定した場合には、特別寄与者が、特別寄与料の額に相当する金額を被相続人から遺贈によって取得したものとみなして、相続税を課税することとしました[相法4②]。この場合に、新たに相続税の申告義務が生じた者は、その事由が生じたことを知った日の翌日から10か月以内に相続税の申告書を提出しなければなりません[相法29①]。

　一方、相続人が支払うべき特別寄与料の額は、その相続人に係る相続税の課税価格から控除することとされました[相法13④]。その場合、相続税の更正の請求によって相続税の還付を受けることができるように、更正の請求の特則等が見直されました[相法32①三、七]。

## 4　特別寄与と遺言書

### （1）遺言している場合

　「特別寄与」は、特別の寄与をした相続人以外の親族が、相続人に対して請求することができる権利です。当然、他の相続人らがそれを認めるかどうかや金額の妥当性などめぐって、争いに発展する可能性が懸念されます。

　そこで、相続人以外の親族への生前の貢献の対価を渡すことを確実なものにするためには、遺言者があらかじめ遺言書に自らの意思として相当と思われる金額の記載をしておくことが、最も確実で望ましい方法といえるでしょう。

　他の相続人は、遺留分の侵害がない限りは、承認せざるを得ません。

## （2）付言事項に記載がある場合

　遺言書の本文ではなく、付言事項として感謝の意と金額の記載があった場合はどうなるでしょうか。

　付言事項はあくまでも家族や関係者に向けたメッセージであり、法的な拘束力は有しません。そのため、他の相続人が同意しなければそれが実現しないことになります。せっかくの意思表示ですから、遺言書の本文での記載をするようにしましょう。その上で、付言事項として感謝の意や相続人以外の親族に渡す理由を記載しておくとよいでしょう。

# 3 相続の効力等に関する見直し

　相続登記等が放置されていて所有者不明土地等が多く現存する現状を改善するため、相続登記を促進するための施策として、①法定相続情報証明制度が平成29年に創設され、②平成30年に民法を改正し、相続による取得であっても一定の場合に、登記等がなければ第三者に対抗できないこととし、③所有者不明土地等の有効利用に向けて、「所有者不明土地の利用の円滑化等に関する特別措置法」が平成30年に創設されました。

## 1 法定相続情報証明制度

　法定相続情報証明制度が、平成29年5月29日から運用が開始されました。

　これは、近年、相続登記が未了のまま放置されている不動産が増加し、これがいわゆる所有者不明土地問題や空き家問題の一因となっていると指摘されていることから、法務省において相続登記を促進するために創設された制度です。

　本制度を利用する相続人に、相続登記のメリットや放置することのデメリットを登記官が説明することなどを通じ、相続登記の必要性について意識の向上を図ることが制度の狙いです。

## 2 民法改正（第三者対抗要件）

　従前の民法では、相続させる旨の遺言による権利の承継は、登記なくして第三者に対抗できるとされていました。被相続人が遺言によって法定相続分と異なる財産の処分をしても、第三者はその遺言の内容を知ることができず、第三者が不利益を被るなど、取引の安全を害する恐れがありました。また、相続人が登記をしなくても第三者にその所有権を対抗できることになり、登記制度に対する信頼が害される恐れがありました。

そのため、改正によって、特定財産承継遺言※により承継された財産については、登記等の対抗要件なくして第三者に対抗することができるとされている従前の規律を見直し、法定相続分を超える部分の承継については、登記等の対抗要件を備えなければ第三者に対抗することができないこととしました［民法899の2］。

※「特定財産承継遺言」とは、遺産に属する特定の財産を共同相続人の一人又は数人に承継させる旨の遺言をいいます。

未登記の建物や相続登記などが放置されている事例も少なくありませんが、以下のような問題が生じる可能性があることから、登記手続きを行うことが賢明です（**図表4-5**）。

## （1）先代名義のままの不動産

既に死亡している先代名義のまま放置されていた不動産を相続する場合に、①遺産分割協議は終えている（又は遺言書で相続する者が指定されている）が相続登記が未了なのか、②未だ分割協議が調っていないのか、の確認が必要となります。

今回（第二次相続）の相続税の申告期限までに先代名義の不動産の分割協議（第一次相続）が調わない場合には、第一次相続の未分割財産を第一次相続の法定相続人がその相続分に応じて遺産を取得したものとみなして、第二次相続の相続財産に加算して相続税の課税価格を求めることになります。

相続登記の先延ばしはトラブルのもとで、世代が代わるほど相続手続きは煩雑になります。

## （2）未登記の建物

自己資金で建物を建築した場合に、登記をしないままにしている事例も散見されます。通常、未登記の建物でも固定資産税は課税されていることが大半です。未登記建物か否かの判定においては、固定資産税の課税通知書に「家屋番号」が記載されていなければ、未登記建物（家屋）である可能性が高いでしょう。

未登記建物を相続するケースでは、2つの方法が考えられます。
①**未登記建物のまま相続**…自治体へ所有者が相続によって代わった

旨の「未登記家屋所有者名義変更届」※を提出します。

※市町村によってその名称は異なります。

②**未登記建物を登記し相続**…建物表題登記を行い、所有権保存登記を行います。

なお、借地上の建物が未登記の場合、建物の登記がなされていないと対抗要件が備わっていないこととなり、土地所有者が第三者に代わると借地権を主張できなくなったりしますので、速やかに登記手続きを進めることが肝要です。

## 3 所有者不明土地の利用の円滑化等に関する特別措置法

この法律は、社会経済情勢の変化に伴い所有者不明土地が増加していることに鑑み、所有者不明土地の利用の円滑化及び土地の所有者の効果的な探索を図るため、「地域福利増進事業の実施のための措置」「所有者不明土地の収用又は使用に関する土地収用法の特例」「土地の所有者等に関する情報の利用及び提供」その他の特別の措置を講じ、もって国土の適正かつ合理的な利用に寄与することを目的として創設されました[平成30年6月6日可決成立、平成30年6月13日公布]。

### （1）平成30年11月15日施行の主な内容

所有者探索の合理化や、所有者不明土地の適切な管理のため、次のような措置が講じられました。

①**土地等権利者関連情報の利用及び提供**…土地の所有者の探索のために必要な公的情報（固定資産税台帳、地籍調査票等）を、行政機関が利用できるようになりました。

②**長期間相続登記等未了土地に係る不動産登記法の特例**…長期間、相続登記等がなされていない土地について、登記官が、長期相続登記等未了土地である旨等を登記簿に記録することができるようになりました。

③**財産管理制度に係る民法の特例**…所有者不明土地の適切な管理の

ために特に必要がある場合に、地方公共団体の長等が家庭裁判所に対し財産管理人の選任等を請求することが可能になりました。

## （2）平成31年（2019年）6月1日施行の主な内容

①**公共事業における収用手続きの合理化・円滑化（所有権の取得）**…国、都道府県知事が事業認定した事業について、収用委員会に代わり都道府県知事が裁定します。

②**地域福利増進事業の創設（利用権の設定）**…都道府県知事が公益性等を確認、一定期間の公告、市区町村長の意見を聴いた上で、都道府県知事が利用権（上限10年間）を設定します（所有者が現れ明渡しを求めた場合は期間終了後に原状回復。異議がない場合は延長可能）。

### 図表 4-5　相続の効力等に関する見直し

#### 1．従来制度
遺言の内容を知り得ない相続債権者等の利益を害する。

例）相続・遺贈により、長男が被相続人所有の不動産を取得することとされた場合

| ①の処分の類型 | 遺産分割 | 遺贈 | 相続させる旨の遺言※ |
|---|---|---|---|
| ①と②の優劣 | 登記の先後 | 登記の先後 | 常に①が優先 |

※相続させる旨の遺言による権利の承継は、登記なくして第三者に対抗することができる（判例）

上記の結論は、
・遺言の有無及び内容を知り得ない相続債権者・債務者等の利益を害する。
・登記制度や強制執行制度の信頼を害する恐れがある。

#### 2．見直しのポイント
相続させる旨の遺言等により承継された財産については、登記なくして第三者に対抗することができるとされていた従来の規律を見直し、法定相続分を超える部分の承継については、登記等の対抗要件を備えなければ第三者に対抗することができないこととする。

#### 3．制度導入のメリット
改正後の規律
　相続させる旨の遺言についても、法定相続分を超える部分については、登記等の対抗要件を具備しなければ、債務者・第三者に対抗することができない。

改正後の①と②の優劣

| ①の処分の類型 | 遺産分割 | 遺贈 | 相続させる旨の遺言 |
|---|---|---|---|
| ①と②の優劣 | 登記の先後 | 登記の先後 | 登記の先後 |

　遺言の有無及び内容を知り得ない相続債権者・債務者等の利益や第三者の取引の安全を確保（登記制度や強制執行制度の信頼を確保することにもつながる）。

出典：法務省ホームページ「相続の効力等の見直し」より作成

# 4 遺産分割前の払戻し制度の創設等

　平成28年12月19日最高裁大法廷決定により、相続された預貯金債権は遺産分割の対象財産に含まれることとなり、共同相続人による単独での払戻しができないこととされました。そのため、生活費や葬儀費用の支払い、相続債務の弁済などの資金需要がある場合にも、遺産分割が終了するまでの間は、被相続人の預金の払戻しができないことになります。

　そこで、遺産分割における公平性を図りつつ、相続人の資金需要に対応できるよう、2つの制度が設けられました。

## 1 制度の概要

　今回の改正で、遺産分割前に預貯金の払戻しを認める制度として、次の2つの方策が設けられました。

①預貯金債権の一定割合（金額による上限あり）については、家庭裁判所の判断を経なくても金融機関の窓口における支払いを受けられるようにする。

②預貯金債権に限り、家庭裁判所の仮分割の仮処分の要件を緩和する。

　それぞれの方策の要点は、以下のとおりです。

### （1）家庭裁判所の判断を経ないで、預貯金の払戻しを認める方策

　各共同相続人は、遺産に属する預貯金債権のうち、口座ごとに以下の計算式で求められる額までについては、他の共同相続人の同意がなくても単独で払戻しをすることができることとされました［民法909の2］。

　ただし、同一の金融機関に対する権利行使は、法務省令で定める額（150万円）※が限度とされます。

**【計算式】**

単独で払戻しをすることができる額

＝ 相続開始時の
　 預貯金債権の額 × 1/3 × 当該払戻しを求める
　　　　　　　　　　　　　　共同相続人の法定相続分

※法務省は限度額を150万円と定めた理由を次のように説明しています。

**「民法第909条の２に規定する法務省令で定める額を定める省令案」に関する概要説明**（一部抜粋）

　民法第909条の２では、法務省令で上限額を定める際の考慮要素として、「標準的な当面の必要生計費、平均的な葬式の費用の額その他の事情を勘案」するものとされている。

　標準的な生計費の額については、毎年、国家公務員の給与勧告を行う際に人事院が参考資料として算定を行っており、世帯人員が１名の標準生計費は１か月当たり12万円弱となっている。また、平均的な葬式費用の額については、150万円前後とされている。

　これらの事情に鑑みると、150万円を払い戻すことができれば、約１年間分の生計費、又は平均的な葬式費用をまかなうことができる。また、同条の上限は金融機関ごとに設けることとされており、我が国の金融機関における平均口座保有数は約3.5個である（株式会社日本統計センター「金融機関の利用に関する調査」平成23年）という統計データに照らすと、被相続人が複数の口座を有することも十分に考えられ、このような場合には、複数の金融機関から合計で150万円を超える金額を払い戻すことが可能である。さらに、仮に同条による預貯金の払戻しによって資金需要をまかなうことができないときにも、家事事件手続法第200条第３項に基づく保全処分を受けることもできる。かえって、払戻しをすることのできる金額が多額に及ぶと、具体的相続分を超過した払戻しがされた場合に他の共同相続人の利益を害する程度が大きくなり、同条の趣旨を没却するおそれがある。

　以上によれば、同条に規定する法務省令で定める額は150万円とするのが相当と考えられる。

　仮払いを受けた預貯金については、その相続人が遺産の一部分割によって取得したものとみなされます。

　この制度は、既に平成31年（2019年）７月１日から施行されています。なお、施行日前に開始した相続であっても、同日以後であれば、この制度に基づく預貯金の払戻し請求が可能です〔**平成30年法律第72号附則５**〕。

【設例】

法定相続分が1/2である相続人が、A銀行に払戻し請求する場合

| 預金の種類 | 遺産の額（残高） | 単独で権利行使できる額 |
|---|---|---|
| 普通預金 | 150万円 | 25万円 |
| 定期預金 | 300万円 | 50万円 |
| 合　計 | 450万円 | 75万円 |

払戻しをすることができる金額は、合計で75万円となります。

150万円×1/3×1/2＝25万円

300万円×1/3×1/2＝50万円

注）普通預金から75万円、定期預金からゼロ円という払戻しはできません。また、銀行の約定で「定期預金の一部払戻しはできない」としている場合、銀行は定期預金部分については払戻しを拒否することが可能です。

## （2）家事事件手続法の保全処分の要件を緩和する方策

　預貯金債権の仮分割の仮処分については、家事事件手続法第200条第2項の要件（事件の関係人の急迫の危険の防止の必要があること）を緩和することとし、家庭裁判所は、遺産の分割の審判又は調停の申立てがあった場合において、相続財産に属する債務の弁済、相続人の生活費の支弁その他の事情により遺産に属する預貯金債権を行使する必要があると認めるときは、他の共同相続人の利益を害しない限り、申立てにより、遺産に属する特定の預貯金債権の全部又は一部を仮に取得させることができることとされました［家事事件手続法200③］。

## ■家事事件手続法（遺産の分割の審判事件を本案とする保全処分）

**第200条** 家庭裁判所は、遺産の分割の審判又は調停の申立てがあった場合において、財産の管理のため必要があるときは、申立てにより又は職権で、担保を立てさせないで、遺産の分割の申立てについての審判が効力を生ずるまでの間、財産の管理者を選任し、又は事件の関係人に対し、財産の管理に関する事項を指示することができる。

2　家庭裁判所は、遺産の分割の審判又は調停の申立てがあった場合において、強制執行を保全し、又は事件の関係人の急迫の危険を防止するため必要があるときは、当該申立てをした者又は相手方の申立てにより、遺産の分割の審判を本案とする仮差押え、仮処分その他の必要な保全処分を命ずることができる。

3　前項に規定するもののほか、家庭裁判所は、遺産の分割の審判又は調停の申立てがあった場合において、相続財産に属する債務の弁済、相続人の生活費の支弁その他の事情により遺産に属する預貯金債権（民法第466条の5第1項に規定する預貯金債権をいう。以下この項において同じ。）を当該申立てをした者又は相手方が行使する必要があると認めるときは、その申立てにより、遺産に属する特定の預貯金債権の全部又は一部をその者に仮に取得させることができる。ただし、他の共同相続人の利益を害するときは、この限りではない。

4　略

注) 上記第200条第3項が新設されました。

　（1）の方策については限度額が定められていることから、小口の資金需要については（1）の方策により、限度額を超える比較的大口の資金需要がある場合については（2）の方策を用いることになるものと考えられます。

　しかし、仮払い制度が出来ても、法定相続人の確定のために、被相続人の出生から死亡までの連続した戸籍を収集し、かつ、相続人の戸籍抄本なども必要となることから、葬儀費用のように相続開始後すぐに支払わなければならないお金については、この仮払い制度を利用できない可能性が高いといえるでしょう。

### 図表 4-6　相続された預貯金債権の払戻しを認める制度

#### 1．従来制度

遺産分割が終了するまでの間は、相続人単独では預貯金債権を払戻しできない。

> 平成28年12月19日最高裁大法廷決定により、
> ①相続された預貯金債権は遺産分割の対象財産に含まれることとなり、
> ②共同相続人による単独での払戻しができないこととされた。

生活費や葬儀費用の支払い、相続債務の弁済などの資金需要がある場合にも、遺産分割が終了するまでの間は、被相続人の預金の払戻しができない。

#### 2．見直しのポイント

相続された預貯金債権について、生活費や葬儀費用の支払い、相続債務の弁済などの資金需要に対応できるよう、遺産分割前にも払戻しが受けられる制度を創設する。

#### 3．制度導入のメリット

遺産分割における公平性を図りつつ、相続人の資金需要に対応できるよう、2つの制度を設けることとする。
①預貯金債権の一定割合（金額による上限あり）については、家庭裁判所の判断を経なくても金融機関の窓口における支払いを受けられるようにする。
②預貯金債権に限り、家庭裁判所の仮分割の仮処分の要件を緩和する。

①**家庭裁判所の判断を経ずに払戻しが得られる制度の創設**
遺産に属する預貯金債権のうち、一定額については、単独での払戻しを認めるようにする。
（相続開始時の預貯金債権の額（口座基準））×1/3×（当該払戻しを行う共同相続人の法定相続分）＝単独で払戻しをすることができる額
例）預金600万円　→　長男 100万円払戻し可

②**保全処分の要件緩和**
仮払いの必要性があると認められる場合には、他の共同相続人の利益を害しない限り、家庭裁判所の判断で仮払いが認められるようにする（家事事件手続法の改正）。

出典：法務省ホームページ「遺産分割前の払戻し制度について」より作成

# 5 遺産分割前に遺産に属する財産処分が行われた場合の遺産の範囲

遺産の分割前に遺産に属する財産が処分された場合の遺産の範囲について新たな規律が設けられました。

遺産分割前に共同相続人の一人が遺産を処分した場合に、計算上生ずる不公平を是正するため、次のように取り扱うこととされました。

## （1）遺産の分割前に遺産に属する財産が処分された場合

共同相続人全員の同意により、当該処分された財産を遺産分割の対象に含めることができることとされました［民法906の2①］。

## （2）共同相続人の一人又は数人が遺産の分割前に遺産に属する財産の処分をした場合

当該処分をした共同相続人については、（1）の同意を得ることを要しないこととされました［民法906の2②］。

### 図表 4-7　相続開始後の共同相続人による財産処分について

#### 1．従来制度

特別受益のある相続人が、遺産分割前に遺産を処分した場合に、不公平な結果が生じる。

事例　相続人：長男、二男（法定相続分1/2）
　　　遺　産：預金2,000万円　　特別受益：長男に対する生前贈与2,000万円

長男が相続開始後に密かに預金1,000万円を引き出した場合
（長男の出金がなかった場合）
長男（2,000万＋2,000万）×1/2－2,000万＝0
二男（2,000万＋2,000万）×1/2＝2,000万
→　長男0＋2,000万＝2,000万円、二男2,000万円
（出金がされた場合の処理）遺産分割時の遺産は1,000万円のみ
長男1,000万×（0/2,000万）＝0
二男1,000万×（2,000万/2,000万）＝1,000万
→　長男2,000万＋1,000万＋0万＝3,000万円、二男1,000万円

（民事訴訟における救済の可能性）
民事訴訟においては具体的相続分を前提とした不法行為・不当利得による請求は困難。仮に成立するとしても、法定相続分の範囲内（上記ケースだと500万円分）にとどまる。
→　長男3,000万－500万＝2,500万円、二男1,000万＋500万＝1,500万円
依然として不当な払戻しをした長男の利得額が大きくなる。

#### 2．見直しのポイント

相続開始後に共同相続人の一人が遺産に属する財産を処分した場合に、計算上生ずる不公平を是正する方策を設けるものとする。

#### 3．制度導入のメリット

法律上規定を設け、処分された財産（預金）につき遺産に組み戻すことについて処分者以外の相続人（二男）の同意があれば、処分者（長男）の同意を得ることなく、処分された預貯金を遺産分割の対象に含めることを可能とし、不当な出金がなかった場合と同じ結果を実現できる。

■ 長男の取得分：0円（本来の取り分）
　＝1,000万円（出金額）－1,000万円（代償金）
■ 二男の取得分：2,000万円（本来の取り分）
　＝1,000万円（残預金）＋1,000万円（代償金）

遺産分割審判の例…「長男に払い戻した預金1,000万円を取得させる。二男に残預金1,000万円を取得させる。長男は、二男に代償金1,000万円を支払え」　➡　**長男及び二男は、最終的な取得額が各2,000万円となり、公平な遺産分割を実現できる。**

出典：法務省ホームページ「相続開始後の共同相続人による財産処分について」より作成

# 6 遺言執行者の権限の明確化

　本来、相続人が遺言の内容を実現することになりますが、相続人間で利害対立がある場合や意見の不一致等で、遺言の内容を執行できない場合があります。このような場合に、遺言執行者に委ねることにより、遺言の適正かつ迅速な執行を可能にすることができます。

　しかし、これまで遺言執行者の法的地位や権限が明確になっていませんでした。そこで、改正により明確に定められました。

## 1　遺言執行者の一般的な権限等

①遺言執行者は、遺言の内容を実現するため、相続財産の管理その他遺言の執行に必要な一切の行為をする権利義務を有します [民法1012]。

②遺言執行者が、その権限内において遺言執行者であることを示してした行為は、相続人に対して直接にその効力を生じます [民法1015]。

③遺言執行者は、その任務を開始したときは、遅滞なく、遺言の内容を相続人に通知しなければなりません [民法1007②]。

　　改正前の民法第1011条においても、「遺言執行者は、遅滞なく、相続財産の目録を作成して、相続人に交付しなければならない」としていて、遺言執行者から相続人へ財産目録の交付を義務付けていますが、「遺言の内容」を通知すべき明文の規定はありませんでした。

　上記①及び③の改正は、平成31年（2019年）7月1日前に開始した相続に関し、同日以後に遺言執行者となる者に対しても、適用されます [平成30年法律第72号附則8①]。また、②については、平成31年（2019年）7月1日前に開始した相続については、従前の例によることとされています [平成30年法律第72号附則8②]。

## 2　特定遺贈の場合の遺言執行

　「遺言執行者がある場合には、遺贈の履行は、遺言執行者のみが行うことができる」と定めています［民法1012②］。例えば、不動産について特定遺贈があった場合、遺言執行者は不動産の所有権移転登記手続きを行う権限を有していることから、受遺者と共同で所有権移転登記手続きを行うことになります。預貯金債権の移転についても遺言執行者の権限に含まれます。

　この改正は、平成31年（2019年）7月1日前に開始した相続に関し、同日以後に遺言執行者となる者に対しても、適用されます［平成30年法律第72号附則8①］。

## 3　特定財産承継遺言

　「遺産の分割の方法の指定として遺産に属する特定の財産を共同相続人の一人又は数人に承継させる旨の遺言」を特定財産承継遺言［民法1014②］と定義しました。

### （1）不動産の場合

　「遺言執行者は、当該共同相続人が第899条の2第1項に規定する対抗要件を備えるために必要な行為をすることができる」［民法1014②］と定めています。したがって、遺言執行者は、「相続させる」旨の遺言を執行する場合、対抗要件を備える行為についてはその権限に含まれることになります。

　一方、特定の不動産を「相続させる」旨の遺言がされた場合において、登記実務上、不動産登記法第63条第2項により、不動産を取得する相続人が単独で登記申請することができるとされていて、遺言執行者の権限として、不動産登記手続きをする権限はない（最高裁判決：平成7年1月24日）とされています。

　しかし、相続人が特定財産承継遺言によって承継した財産について、法定相続分を超える部分の承継については、登記等の対抗要件を備えなれれば第三者に対抗することができないこととされている

ことから、そのような事情がある場合に、遺言執行者の権限として単独で登記申請を行うことができる可能性が考えられます。

### （2）預貯金債権の場合 ［民法1014③］

「前項の財産が預貯金債権である場合には、遺言執行者は、同項に規定する行為のほか、その預金又は貯金の払戻しの請求及びその預金又は貯金に係る契約の解約の申入れをすることができる。ただし、その解約の申入れについては、その預貯金債権の全部が特定財産承継遺言の目的である場合に限る」と定めています。

そのため、「○○銀行の△支店の普通預金口座のうち、500万円を長男甲に相続させる」というように、特定財産承継遺言であっても、特定の預貯金口座の一部が目的物となっている場合には、遺言執行者は解約手続きを行うことができません。一方で、特定財産承継遺言の対象となっている部分（上記の遺言の例では500万円）についての払戻手続きについては行うことができます。

なお、預貯金以外の金融商品については規定が設けられなかったので、遺言執行者に当該金融商品の解約権限があるかどうかは、遺言書に明記する必要があります（第1章 **図表1-2**第1条参照）。

この改正は、平成31年（2019年）7月1日前にされた特定の財産に関する遺言に係る遺言執行者による執行については、適用されません［平成30年法律第72号附則8②］。

## 4 遺言執行者の復任権 ［民法1016］

①遺言執行者は、自己の責任で第三者にその任務を行わせることができます。ただし、遺言者がその遺言に別段の意思を表示したときは、その意思に従います。

②第三者に任務を行わせることについてやむを得ない事由があるときは、遺言執行者は、相続人に対してその選任及び監督についての責任のみを負います。

なお、この改正は、<u>平成31年（2019年）7月1日前にされた遺言</u><u>における遺言執行者の復任権については、従前の例によることとされています</u>[平成30年法律第72号附則8③]。

■民法第1016条（遺言執行者の復任権）の新旧対照表

| 改正後 | 改正前 |
|---|---|
| 第1016条　遺言執行者は、自己の責任で第三者にその任務を行わせることができる。ただし、遺言者がその遺言に別段の意思を表示したときは、その意思に従う。<br>2　前項本文の場合において、第三者に任務を行わせることについてやむを得ない事由があるときは、遺言執行者は、相続人に対してその選任及び監督についての責任のみを負う。 | 第1016条　遺言執行者は、やむを得ない事由がなければ、第三者にその任務を行わせることができない。ただし、遺言者がその遺言に反対の意思を表示したときは、この限りでない。<br>2　遺言執行者が前項ただし書の規定により第三者にその任務を行わせる場合には、相続人に対して、第105条に規定する責任を負う。 |

　改正前は、「遺言執行者は、やむを得ない事由がなければ、第三者にその任務を行わせることができない」とされていて、「遺言者がその遺言に反対の意思を表示したときは、この限りでない」としていました。そのため、家族を遺言執行者にする場合には、遺言執行に当たり支障が出ないように、遺言書を作成する際に、「遺言執行者が必要と認めるときは第三者のその任務を行わせることができる」というように遺言書に記載しておくことが多く見受けられました。

　今回の改正によって、やむを得ない事由の有無に関わらず、遺言執行者は、自己の責任で第三者にその任務を行わせることができることになりました。

　これらの改正の適用関係は、以下のようになっています。

| 改正項目 | 適用開始時期 |
|---|---|
| 通知義務［民法1007②］<br>特定遺贈の場合の遺言執行<br>［民法1012②］ | 平成31年（2019年）7月1日前に開始した相続でも、同年7月1日以後に遺言執行者となる者にも適用される［平成30年法律第72号附則8①］。 |
| 特定財産承継遺言<br>［民法1014②③］ | 平成31年7月1日前にされた特定の財産に関する遺言に係る遺言執行者による執行については、適用されない［平成30年法律第72号附則8②］。 |
| 遺言執行者の復任権<br>［民法1016］ | 平成31年7月1日前にされた遺言における遺言執行者の復任権については従前の例による［平成30年法律第72号附則8③］。 |

# 遺言書と相続税

　この章では、遺言書の作成に当たって考慮すべき税に関する様々な項目について、主に相続税を中心に確認していくこととします。

　遺言書は遺言者の意思を明らかにするために作成する書面ですが、その作成に当たっては、税のことも考慮した内容にすることが望ましいといえます。なぜならば、その内容が相続税やその後の所得税等に大きな影響を与えるからです。

　例えば、相続税の納税ができるよう配慮されているか、各種特例の適用が可能となる内容になっているか、相続後の生活資金の確保や所得税等の負担が過度にならないか、といった点です。

　第7章でも述べますが、相続人全員の同意があれば遺言書の内容と異なる遺産分割をすることも可能です。しかし、せっかく自らの意思の実現のために遺言書を作成するのですから、できるだけそれが活かされるような内容にしておきたいものです。

# 1 非上場株式等の相続と遺言

　平成30年1月より、非上場株式等についての相続税の納税猶予制度（以下「特例事業承継税制」）が導入されました。保有する自社株の相続税評価額が高額となる経営者にとって、従来制度より格段に使い勝手が良くなりましたが、一方で特例適用のための準備も必要で、特に、相続時に分割協議が調わない場合には、特例適用に多大な影響が出ることが予想されます。そのため、特例事業承継税制を使った相続税の納税猶予の適用を考えている場合には、遺言書の作成が必須であると考えられます。

　分割協議が調わなかった場合の影響について見てみましょう。

## 1　特例事業承継税制の適用への影響

　特例事業承継税制の適用を受けようとする場合には、相続開始の日の翌日から5か月以内に後継者が代表者に就任していることが必要です。また、都道府県知事に対して相続開始の日の翌日から8か月以内に認定申請書を提出しなければならないこととされています。認定申請書には、その株式等を誰が相続するのかが決まっている、すなわち、遺産分割協議書又は遺言書の添付が必要です。

　そのため、相続人間での遺産分割協議が調わなかった場合には、
①役員変更登記に支障が出る（5か月以内に後継者が代表者に就任できない）。
②分割協議書を作成できない（8か月以内に都道府県知事に認定申請の提出ができない）。
という問題から、特例事業承継税制の適用を受けることができなくなります。

## 【設例】

1．被相続人：父（平成30年4月死亡）
2．相 続 人：長男（A社代表取締役）、二男、長女
3．父の相続財産：A社株式（600株）　1億2,000万円
　　　　　　　　　その他の財産　　　2億4,000万円

（A社の発行済株式総数は1,000株。株主は父600株及び長男400株）

・父は、長男にA社を承継させたいと考えていたが、遺言書を残していなかった。遺産分割協議が紛糾し、相続税の申告期限までに遺産分割協議が調わなかったため、相続税の納税猶予の適用を受けることができなかった。

・分割協議が調って相続税の納税猶予の適用を受けることができる場合には、A社株式は長男が相続し、その他の財産は長男・二男及び長女がそれぞれ3分の1ずつ相続するものと仮定する。

4．相続税

（単位：万円）

| | 分割協議が調わなかった場合 | | | 分割協議が調って納税猶予の適用を受ける場合 | | |
|---|---|---|---|---|---|---|
| | 長男 | 二男 | 長女 | 長男 | 二男 | 長女 |
| A社株式 | 4,000 | 4,000 | 4,000 | 12,000 | － | － |
| その他の財産 | 8,000 | 8,000 | 8,000 | 8,000 | 8,000 | 8,000 |
| 課税価格 | 12,000 | 12,000 | 12,000 | 20,000 | 8,000 | 8,000 |
| 相続税の総額 | 7,380 | | | 7,380 | | |
| 各人の算出税額 | 2,460 | 2,460 | 2,460 | 4,100 | 1,640 | 1,640 |
| 特例株式等納税猶予税額 | － | － | － | △2,083※ | － | － |
| 納付税額 | 2,460 | 2,460 | 2,460 | 2,017 | 1,640 | 1,640 |

※（12,000万円＋8,000万円＋8,000万円）－4,800万円
　＝23,200万円（課税遺産総額）→4,860万円（相続税の総額）
　長男の相続税（納税猶予税額）4,860万円×（12,000万円÷28,000万円）
　＝2,083万円

　分割協議が調わないと、相続税の納税猶予の適用を受けることができず、納付税額が増える結果となります。

## 2 後継予定者が経営権を握れないことによる影響

　未分割遺産である株式は準共有状態にあるため、会社法第106条により、株式についての権利を行使するためには、権利を行使する者を1人定め、その氏名をその会社に通知することが必要です。これをしなければ、その会社が同意した場合を除き、その株式の権利を行使することができません。

　そのため、上記❶の設例のような場合、被相続人が考える後継者以外の者が経営権を握ることになるかもしれません。

　❶の設例の場合、未分割の株式600株の議決権の行使について、相続人の3人がそれぞれ3分の1ずつ持分を有していることから、未分割のA社株式600株についてこの3人のうち2人が合意すれば、過半数をもって議決権を行使する者を選任することができます[**平成9年1月28日、平成27年2月19日最高裁判決**]。そのため、二男及び長女が合意してA社株式の議決権を行使する者を二男と定め、A社に通知すれば、二男が600株の議決権を行使することができます。その結果、長男が有する議決権数を上回ることになり、二男又は長女が会社の経営権を握ることができます。

---

**■平成9年1月28日最高裁判決要旨**

　持分の準共有者間において権利行使者を定めるに当たっては、持分の価格に従いその過半数をもってこれを決することができるものと解するのが相当である。けだし、準共有者の全員が一致しなければ権利行使者を指定することができないとすると、準共有者のうちの一人でも反対すれば全員の社員権の行使が不可能となるのみならず、会社の運営にも支障を来す恐れがあり、会社の事務処理の便宜を考慮して設けられた規定の趣旨にも反する結果となるからである。

**■平成27年2月19日最高裁判決要旨**

　共有に属する株式についての議決権の行使は、当該議決権の行使をもって直ちに株式を処分し、又は株式の内容を変更することになるなど特段の事情のない限り、株式の管理に関する行為として、民法252条本文により、各共有者の持分の価格に従い、その過半数で決せられるものと解するのが相当である。

また、「会社法106条ただし書きは、準共有状態にある株式の準共有者間において議決権の行使に関する協議が行われ、意思統一が図られている場合にのみ、権利行使者の指定及び通知の手続を欠いていても、会社の同意を要件として権利行使を認めたものと解するのが相当であるところ、準共有者間において準共有株式の議決権行使について何ら協議が行われておらず、意思統一も図られていない場合には、会社の同意があっても、準共有者の1名が代理人によって準共有株式について議決権の行使をすることはできず、準共有株式による議決権の行使は不適法と解すべきである。」[平成24年11月28日東京高裁判決要旨]とする判決の控訴審[平成27年2月19日最高裁判決]においてもその判断が支持されています。

---

**■会社法**
**（共有者による権利の行使）**
**第106条**　株式が二以上の者の共有に属するときは、共有者は、当該株式についての権利を行使する者一人を定め、株式会社に対し、その者の氏名又は名称を通知しなければ、当該株式についての権利を行使することができない。ただし、株式会社が当該権利を行使することに同意した場合は、この限りでない。

---

　以上のことから、父が長男へ事業を承継させたいと考える場合には、生前贈与によってA社株式の過半数を贈与しておくか、遺言書によって長男がA社株式を相続することができるようにしておかなければなりません。また、そうすることで、非上場株式等についての納税猶予の適用を受けることができ、スムーズな事業承継に役立ちます。

　また、平成31年（2019年）7月1日以後に開始した相続から、「遺留分減殺請求権（形成権）」を、「遺留分侵害額請求権（財産権）」に変更することとされたことから、遺言書が残されていれば、遺留分の請求が行われたとしても、株式等が準共有状態に戻ることはありません。

# 2 不動産オーナーの場合

　個人で不動産賃貸業を営む者の場合、遺言書を残すことは必須であると考えられます。遺言書が残されていないと、遺産分割協議が調うまでの間は、以下のような問題が生じます。

## 1 不動産の維持管理に支障が生じる可能性がある

　遺言がない場合、遺産分割協議が調うまでの間は、相続人全員での共有状態になるため、相続人の意見がまとまらないと、不動産の修繕や維持管理について支障が生じる可能性があります。

　また、アパートローンなどがある場合、被相続人名義の銀行口座が長らく凍結されると、返済資金が用意できずに返済が遅延してしまう恐れもあります。

## 2 不動産の売却が困難になる

　遺言がない場合、遺産分割協議が調うまでの間は、不動産を処分しなければならない事情があったとしても、相続人全員が同意しないと売却することができません。

　また、未分割の状態で売却して換価分割をする際に、所得税の申告期限までに換価代金の取得割合が決まらなかった場合は、各相続人が法定相続分で申告せざるを得ず、その後の遺産分割協議で法定相続分と異なる取得割合になったとしても、更正の請求や修正申告をすることはできません。そのため、居住用財産の譲渡など、相続した者によって税額が異なる場合は、分割ができているか否かにより税額に大きな差が生じることがあります。

## 3　遺産分割協議が調うまでの賃料は各相続人に帰属する

　遺言書が残されていないと、遺産分割協議が調うまでの間の賃料収入は、各相続人の法定相続分に応じてそれぞれ帰属するとされています。

　遺産分割の効力は相続開始時点にさかのぼって効力が生じますが、その相続財産から生じる財産は、その相続財産とは別の財産であると考えることになります。よって、遺産分割協議により確定したその相続財産と紐付きで分割されず、各相続人が法定相続分で取得することになります。

　なお、賃料も相続財産から生じる果実ですので、遺産分割協議で配分方法を決めることは可能です。ただし、所得税の申告においては、遺産分割協議が確定するまでは共同相続人がその法定相続分に応じて申告することとなり、申告後に分割が確定した場合であっても、その効果は未分割期間中の所得の帰属に影響を及ぼすものではないとして、分割の確定を理由とする更正の請求や修正申告を行うことは認められていません。

【設例】

1．被相続人：父（平成30年10月10日死亡）

2．相 続 人：長男・二男・長女

3．父の賃貸不動産の年間収支

（単位：万円）

| | 収入 | 支出 | 差額 |
|---|---|---|---|
| アパート | 1,000 | 400 | 600 |
| 青空駐車場 | 250 | 50 | 200 |
| 賃貸マンション | 1,860 | 2,000 | △140 |
| 合　計 | 3,110 | 2,450 | 660 |

注：父と長男は同一生計で、賃貸物件の管理・運用などを行い、不動産賃貸業で生計を維持している。一方、二男及び長女は、父と別生計で、父の賃貸収入に関係なく生活が維持できている。

①遺言書が残されていない場合で遺産分割協議が調わず、法定相続分で分けるとき

②遺言書が残されていてすべて長男に相続させるとしている場合

（単位：万円）

| | ① | | | ② |
|---|---|---|---|---|
| | 長男 | 二男 | 長女 | 長男 |
| 収支差額の帰属 | 220 | 220 | 220 | 660 |

　以上のように、遺言書が残されていない場合、長男は賃貸不動産の収入の一部しか取得することができなくなり、生活に困窮することになります。そうすると、じっくりと時間をかけて遺産分割協議をする余裕がなくなり、二男又は長女に対して相当な譲歩をしないと分割協議が調わないことも予想されます。

　一方、遺言書が残されていれば、たとえ、二男又は長女から遺留分侵害額の請求があったとしても、平成31年（2019年）7月1日以後に開始した相続であれば、原則として、金銭によって弁償することになります。遺言書があれば毎年の安定した収入は長男に帰属することとなるため、余裕をもって遺留分の請求に対応することができます。

## ■平成17年９月８日最高裁判決（未分割遺産から生じる賃料収入の帰属）
### 【事案の概要】

　亡Ａは賃貸不動産をいくつか所有していました。遺産分割協議等により各不動産の帰属が決まるまでは、相続人全員が共同して管理する共同口座に各不動産の賃料を保管し、遺産分割協議により各不動産の帰属が決まった時点で、清算を行うことで暫定的合意が成立していました。

　その後、家庭裁判所の審判により各不動産の帰属が確定しました。この場合において、不動産の帰属が確定するまでの間に共同口座に貯められた賃料債権の帰属について争った事案となります。

　原審では、遺産から生ずる法定果実は、それ自体は遺産ではないが、遺産の所有権が帰属する者にその果実を取得する権利も帰属するのであるから、遺産分割の効力が相続開始の時にさかのぼる以上、遺産分割によって特定の財産を取得した者は、相続開始後に当該財産から生ずる法定果実を取得することができると判断しました。そうすると、本件各不動産から生じた賃料債権は、相続開始の時にさかのぼって、本件遺産分割決定により本件各不動産を取得した各相続人にそれぞれ帰属することとなります。

　しかし最高裁判所は、<u>遺産は、相続人が複数人である場合、相続開始から遺産分割までの間、共同相続人の共有に属するものであるから、この間に遺産である賃貸不動産を使用管理した結果生ずる金銭債権たる賃料債権は、遺産とは別個の財産というべきであって、各共同相続人がその相続分に応じて分割単独債権として確定的に取得するものと解するのが相当である</u>と判断しました。

### 【要旨】

　遺産分割は、相続開始の時にさかのぼってその効力を生ずるものであるが、各共同相続人がその相続分に応じて分割単独債権として確定的に取得した賃料債権の帰属は、後にされた遺産分割の影響を受けないものというべきである。

# 3 遺言書作成時に 考慮すべき税のこと

　遺言書を作成する場合、まずは配偶者の生活面を考慮することが重要です。税金の面よりも、まず、配偶者が生涯にわたって安心して生活できる遺言内容を考え、次に税金面を考慮するようにするとよいでしょう。

## 1 配偶者が相続する財産について

　自宅のほか、老後を支えるための金融資産は配偶者が相続すべきです。仮に、相続税が有利であるからと長男に自宅の土地建物を相続させてしまったあと、配偶者よりも先に長男に相続が発生するようなことがあれば、配偶者が住む自宅は長男の妻や長男の子の財産になってしまいます。また、配偶者に相続させる財産については、次のことも考慮するようにしましょう。

### （1）評価の上がる財産は避ける

　二次相続時の相続税を考慮すると、評価が年々下がっていく建物や、生活費で消費される金融資産を配偶者が相続すると有利です。また、金融資産の場合は、配偶者から子へ生前贈与がしやすいというメリットもあります。

　業績の良い会社の株式や、価値が上がることが予想される土地などは、財産を膨らませることになりますので、配偶者が相続することは避ける方がよいでしょう。

### （2）配偶者居住権を取得する

　残された配偶者が安心して生活ができるように、居住用不動産については配偶者が相続したいものです。その場合、配偶者が配偶者居住権を相続し、終身無償で利用することができるようにすれば、居住用不動産そのものを配偶者が相続する場合に比べて、それ以外

の財産（例えば現預金など）をより多く相続することができます。

　また、配偶者が配偶者居住権を相続することによって、共同相続人の相続税の軽減にも役立つことが期待できます。

---

**【設例】配偶者居住権を配偶者が取得した場合の相続税の有利不利**

１．被相続人：父（平成32年8月死亡）

２．相　続　人：母・長男（父母と別生計で自己の持ち家に居住）・長女

３．相続財産

　①居住用不動産（敷地面積300㎡）8,000万円

　　（うち、配偶者居住権3,000万円。建物部分はないものとする）

　②その他の財産　2億4,000万円

４．遺産分割

　①母　　配偶者居住権3,000万円とその他の財産1億3,000万円

　②長男　居住用不動産（負担付所有権5,000万円）とその他の財産3,000万円

　③長女　その他の財産8,000万円

５．母（平成32年9月死亡）固有の財産と遺産分割

　　現預金1億円（長男及び長女が1/2ずつ相続）、父から相続した財産（長男及び長女が1/2ずつ相続）

６．相続税の計算（配偶者が配偶者居住権を取得した場合）

（単位：万円）

| | 父の相続 | | | 母の相続 | |
|---|---|---|---|---|---|
| | 母 | 長男 | 長女 | 長男 | 長女 |
| 配偶者居住権 | 3,000 | － | － | － | － |
| 小規模宅地等の特例 | (注)△2,400 | － | － | － | － |
| 居住用不動産 | － | 5,000 | － | － | － |
| その他の財産 | 13,000 | 3,000 | 8,000 | 6,500 | 6,500 |
| 現預金 | － | － | － | 5,000 | 5,000 |
| 課税価格 | 13,600 | 8,000 | 8,000 | 11,500 | 11,500 |
| 相続税の総額 | 5,580 | | | 4,240 | |
| 各人の算出税額 | 2,564 | 1,508 | 1,508 | 2,120 | 2,120 |
| 配偶者の税額軽減 | △2,564 | － | － | － | － |
| 納付税額 | 0 | 1,508 | 1,508 | 2,120 | 2,120 |
| 合計税額 | 3,016 | | | 4,240 | |

注）300㎡×（3,000万円÷8,000万円）＝112.5㎡（特例対象面積）
　　8,000万円×（112.5㎡÷300㎡）×0.8＝2,400万円（小規模宅地等の特例減額）

＊配偶者が相続した「配偶者居住権に基づく居住建物の敷地の利用に関する権利」や、同居の子が取得した「配偶者居住権が設定された居住建物の敷地の所有権等」について、小規模宅地等の特例の現行要件の充足で、特定居住用宅地等として特例の適用を受けることができます［措法69の4①］。この場合、特例対象宅地等の面積については、その宅地等の価額に配偶者居住権（又は負担付所有権の価額）の価額の割合を乗じて得た面積とされます［措令40の2⑥］。

7．相続税の計算（配偶者が配偶者居住権を取得しなかった場合）

（単位：万円）

| | 父の相続 | | | 母の相続 | |
|---|---|---|---|---|---|
| | 母 | 長男 | 長女 | 長男 | 長女 |
| 居住用不動産※ | － | 8,000 | － | － | － |
| その他の財産 | 13,000 | 3,000 | 8,000 | 6,500 | 6,500 |
| 現預金 | － | － | － | 5,000 | 5,000 |
| 課税価格 | 13,000 | 11,000 | 8,000 | 11,500 | 11,500 |
| 相続税の総額 | 6,420 | | | 4,240 | |
| 各人の算出税額 | 2,608 | 2,207 | 1,605 | 2,120 | 2,120 |
| 配偶者の税額軽減 | △2,608 | － | － | － | － |
| 納付税額 | 0 | 2,207 | 1,605 | 2,120 | 2,120 |
| 合計税額 | 3,812 | | | 4,240 | |

※完全所有権で相続し、かつ、小規模宅地等の特例の適用を受けることができない。

## （3）賃貸不動産

　財産の中に収益を生む不動産がある場合、誰が相続するかにより毎年の所得税の額は変わります。所得税は超過累進税率のため、所得が高ければ高いほど税負担が重くなる仕組みになっているためです。マンションなどの賃貸不動産は、サラリーマンの子が相続するよりも、配偶者がいったん相続する方が毎年の所得税が有利になる場合があります。

　また、税負担だけでなく、配偶者の所得が増えることによる国民健康保険料等の負担や医療費の負担割合、子の所得が増えることによる児童手当などの影響も考慮に入れて総合的に判断するとよいでしょう。

①国民健康保険料・後期高齢者医療保険料（平成31年度〈2019年度〉）
【年間保険料の計算】

■国民健康保険料（大阪市）
40歳～64歳の方には下記以外に介護分保険料の負担が加算されます。
**（住民税の総所得金額等－33万円）×10.8％＋１世帯当たり39,886円＋被保険者１人当たり30,227円**
最高限度額77万円

■後期高齢者医療保険料（大阪府）
**（住民税の総所得金額等－33万円）×9.90％＋被保険者１人当たり51,491円**
最高限度額62万円

②医療費の負担割合（平成31年度〈2019年度〉）
　70歳以上の方の医療費の負担割合は基本的に１割か２割ですが、「現役並み所得者」に該当すると３割負担に上がります（**図表5-1**）。現役並み所得者は、「住民税の課税所得が145万円以上の者」とされています（収入が一定額以下の場合には、申請により１割に変更される措置があります）。

図表 5-1　医療費の負担割合

※誕生日が昭和19年４月１日までの方は１割

③児童手当（平成31年度〈2019年度〉）

　児童を養育している保護者に支給される児童手当には、所得制限が設けられています（**図表5-2**）。所得制限の判断となる所得は、養育する者の「住民税の総所得金額等から一定の控除（雑損控除・医療費控除・小規模企業共済等掛金控除・障害者控除・寡婦（夫）控除・勤労学生控除等）と８万円を控除した金額」とされています。

**図表 5-2　児童手当の額**

| 年齢区分 | 児童手当<br>（受給者の所得が限度額未満） | 特例給付<br>（限度額※以上） |
|---|---|---|
| ０歳〜３歳未満 | 15,000円 | 5,000円 |
| ３歳〜小学生 | 第１子・第２子　　10,000円<br>第３子以降　　　15,000円 | 5,000円 |
| 中学生 | 10,000円 | 5,000円 |

※所得制限限度額

| 扶養親族数[注] | 所得制限限度額 |
|---|---|
| ０人 | 622万円 |
| １人 | 660万円 |
| ２人 | 698万円 |
| ３人 | 736万円 |
| ４人 | 774万円 |
| ５人 | 812万円 |

注）所得税法上の扶養親族の数（16歳未満の扶養親族含む）

## （4）配偶者の相続割合

　配偶者が相続する財産は、相続税法の「配偶者に対する相続税額の軽減」の規定により、法定相続分か１億6,000万円かどちらか多い金額まで相続税の負担が発生しないようになっています。この規定を利用して一次相続の負担を最大限抑えた場合、財産額によっては、二次相続時の相続税が一次相続で抑えた相続税よりも負担が重くなることがあります。これは、二次相続では相続人が１人減ることに加え、配偶者の軽減規定を受けることができないためです。

　仮に父の財産が５億円、母の財産が5,000万円とし、先に父の相続が発生し（一次相続）、次に母の相続が発生した（二次相続）場合の相続税は、**図表5-3**のとおりになります。

　一次相続だけを考えると、配偶者が50％以上相続して配偶者の税額軽減の規定を最大限利用した方が有利ですが、二次相続を含めて考慮すると、配偶者は相続割合を20％程度にとどめておいた方が有利であることが分かります。これは、夫婦の財産額と相続人の数により結果は異なります。配偶者へどれだけ相続させることが有利であるのか、税理士に相談するとよいでしょう。

| 図表 5-3 | 配偶者の相続割合と相続税の関係（配偶者・子が２人のケース） |

（単位：万円）

| 配偶者の<br>相続割合 | 配偶者の<br>相続金額 | 相続税 | | |
|---|---|---|---|---|
| | | 一次相続 | 二次相続 | 合計 |
| 0 % | 0 | 13,110 | 80 | 13,190 |
| 10% | 5,000 | 11,799 | 770 | 12,569 |
| 20% | 10,000 | 10,488 | 1,840 | 12,328 |
| 30% | 15,000 | 9,177 | 3,340 | 12,517 |
| 40% | 20,000 | 7,866 | 4,920 | 12,786 |
| 50% | 25,000 | 6,555 | 6,920 | 13,475 |
| 60% | 30,000 | 6,555 | 8,395 | 14,950 |
| 70% | 35,000 | 6,555 | 9,871 | 16,426 |
| 80% | 40,000 | 6,555 | 11346 | 17,901 |
| 90% | 45,000 | 6,555 | 12,850 | 19,405 |
| 100% | 50,000 | 6,555 | 14,509 | 21,064 |

注）二次相続の相続税の計算にあたっては、一次相続時に配偶者が負担した相続税の分だけ配偶者の財産を減らして計算しています。

## 2　小規模宅地等の特例を有利に受けるために

　小規模宅地等の特例とは、被相続人の親族の生活基盤を保護するために設けられたもので、相続税の計算の際に、被相続人等が居住用や事業用に利用していた宅地等について、一定の要件の下、宅地等の評価額を80％又は50％減額できる制度です（**図表5-4**）。

　特例の適用を受けることができるかどうかにより、相続税に大きな差が生じるため、それぞれ適用を受けることができる者に相続させるように検討するとよいでしょう。

図表 5-4　**小規模宅地等の特例**

| 区　分 | | 適用要件 | 特例の内容 | |
| --- | --- | --- | --- | --- |
| | | | 限度面積 | 減額割合 |
| 被相続人等の事業の用に供されていた宅地等 | 貸付事業以外の事業用宅地等 | 特定事業用宅地等に該当する宅地等 | 400m² | 80% |
| | 貸付事業用の宅地等　法人に貸付けられていた宅地等 | 特定同族会社事業用宅地等に該当する宅地等 | 400m² | 80% |
| | | 貸付事業用宅地等に該当する宅地等 | 200m² | 50% |
| | 上記以外 | 貸付事業用宅地等に該当する宅地等 | 200m² | 50% |
| 被相続人等の居住の用に供されていた宅地等 | | 特定居住用宅地等に該当する宅地等 | 330m² | 80% |

　自宅の敷地について、特定居住用宅地等に該当するためには、基本的に配偶者か同居親族が相続する必要があります。そのため、配偶者や同居親族に相続させて特例の適用を受けることを検討しましょう。なお、配偶者や同居親族がいない場合は、持家のない別居親族※が相続した場合も特定居住用宅地等の特例の適用を受けることができます。持家のない別居親族がいる場合には、その者に自宅敷地を相続させることを検討しましょう。

※相続開始前３年以内に自己、自己の配偶者、３親等以内の親族又は自己と特別の関係にある法人が所有する家屋に居住したことがなく、居住の用に供している家屋を過去に所有していない者に限ります。

また、平成27年1月1日以降は、特定居住用宅地等と特定事業用宅地等の併用が可能になりました。そのため、特定事業用宅地等の特例の適用を受けるために、例えば事業用の宅地等を、事業を承継しない配偶者にいったん相続させるようなことはせず、後継者に相続させることを検討しましょう。

## 3　売却予定の財産がある場合

### （1）相続税額の取得費加算を利用する

　不動産や有価証券など相続した財産を譲渡した場合、その財産が相続のあった日の翌日から相続税の申告期限の翌日以後3年を経過する日までに譲渡したものであれば、譲渡所得の計算をする際に、その者が支払った相続税の一部を取得費に加算する「相続税額の取得費加算」の規定の適用を受けることができます。

取得費に加算する相続税額

$$= \text{その者の相続税額} \times \frac{\text{その者の相続税の課税価格の計算の基礎とされたその譲渡した財産の価額}}{\text{その者の相続税の課税価格} + \text{その者の債務控除額}}$$

　配偶者はほとんどのケースにおいて、「配偶者に対する相続税額の軽減」の規定の適用により、相続税の負担がない又は相続税の負担が少額であることが多く、取得費に加算できる相続税がほとんどないため、売却予定の財産は相続させない方が有利です。

第5章　遺言書と相続税

## （2）自宅を売却する場合は特例の適用を受けることができる人が複数で相続する

### ①同居している相続人がいる場合

居住用財産の売却について3,000万円控除の適用を受けようとする場合、居住していた本人が売却しないと特例を利用することができません。また、過去に居住していたことがあっても、相続により取得したあと居住している期間がないと特例の適用を受けることができません。そのため、同居している配偶者や子にいったん相続させる方向で検討するようにしましょう。

また、3,000万円控除は、売却した者ごとに譲渡所得から3,000万円を控除することが可能です。譲渡所得が3,000万円を超える場合は、特例の適用を受けることができる者が共有で相続したあと売却した方が、譲渡税の負担を抑えることができます。

### ②一人住まいの場合

相続開始の直前において、被相続人以外に居住をしていなかった一定の居住用財産について相続又は遺贈により取得したのち、平成28年4月1日から平成35年（2023年）12月31日までの間に、家屋に耐震工事を行ったのち売却するか、家屋を取り壊して売却した場合には、譲渡所得の金額から最高3,000万円まで控除することができる特例があります。

この特例についても、売却した者ごとに譲渡所得から3,000万円を控除することが可能であるため、譲渡所得が3,000万円を超える場合は、相続人が共有で相続したあと売却した方が、譲渡税の負担を抑えることができます。

# 4 法人に対する遺贈

　遺言者が相続人以外の者に財産を渡そうとする場合、遺言書の作成が必須となります。

　受遺者は個人だけでなく法人とすることも可能です。遺言者が主宰している同族会社に対し、自分が亡くなった際には資産を渡したい、といった場合には、遺言書にそれを記載すれば実現できることになります（遺留分侵害額の請求をされる可能性はあります）。ただし、この場合の課税関係については注意を要しますので、以下で確認することとします。

## 1 法人に対する課税

　法人は無償で財産を受け取ることとなり、遺贈者の死亡時において、その受けた経済的利益の額に対し法人税が課されます。

　この場合、相続税は課税されません。あくまでも法人税としての課税ですから、経済的利益の額の算定に当たっては、相続税評価額ではなく、法人税法上の時価で課税されることに注意が必要です。

## 2 被相続人に対しての課税

### （1）みなし譲渡課税

　譲渡所得の起因となる資産を法人に遺贈した場合、被相続人に対し、その時の時価で譲渡があったものとみなして、所得税が課税されます。実際には相続人が準確定申告で譲渡所得税を納税することとなり、その所得税額は被相続人の相続税の計算上、債務控除されることとなります。

　なお、住民税については、翌年1月1日に生存していないため、課税はありません。

119

**（2）法人の株主に対する課税**

　法人は遺贈により無償で資産を取得することになりますから、法人の株式の価額もその分だけ増加します。

　相続人が相続前からその法人の株主であった場合、その価値増加部分について被相続人から遺贈により取得したものとみなされ、相続税の課税対象となります。

### 3　遺贈の放棄

　法人に対する遺贈は、上記のように法人税、贈与税、所得税の課税が発生しますし、その後の資産の管理等諸々の事情により、法人が遺贈を受けることを拒むケースも考えられます（遺贈の放棄。詳細は第7章参照）。

　せっかくの遺言者の意思が無駄にならないよう、遺言書作成の段階で、法人に受贈の意思があるかどうか、確認を取っておくことが望ましいでしょう。

# 5 寄附をする

　遺言者が相続人以外の者に財産を渡そうとする場合、遺言書の作成は必須です。受遺者が個人であれば相続税が課税され、法人であれば法人税が課されることになりますが、受遺者が公益性の高い者である場合、その財産には相続税や法人税が課税されず、被相続人の遺産に対する税負担の軽減につながります。

　遺言者の意思に基づく財産移転が可能になる上に税負担の軽減につながることから、遺言書作成に当たっては、よく検討しておきたい項目です。

## 1　相続税法の非課税

　専ら公益を目的とする次に掲げる事業で、その事業活動によって文化の向上、社会福祉への貢献その他公益の増進に寄与することが著しいと認められる事業を行う個人（人格のない社団又は財団を含む）が相続又は遺贈により取得する財産には、相続税が課税されないことになっています［相法12①三］。

- ・社会福祉事業
- ・更生保護事業
- ・家庭的保育事業
- ・小規模保育事業
- ・事業所内保育事業
- ・学校又は認定こども園を設置し、運営する事業
- ・その他の宗教、慈善、学術その他公益を目的とする事業

　ただし、その財産を、公益を目的とする事業の用に供することが確実なものに限られ、遺贈により取得した日から2年を経過した日においてなお公益事業の用に供されていない場合や、その個人や親族その他特別な関係がある者に対し特別な利益を与えるものである場合には、非課税とはなりません。

## 2　租税特別措置法の非課税

　相続又は遺贈により財産を取得した者が、その取得した財産を申告期限までに国もしくは地方公共団体又は特定の公益法人等に贈与した場合には、その贈与した財産の価額は相続税の課税価格に算入されないことになっています[措法70]。

　なお、相続した財産を処分したのち、そのお金を寄附しても相続税は非課税になりませんので、注意が必要です。

　対象となる特定の公益法人等とは、以下のような先です。

・独立行政法人
・国立大学法人及び大学共同利用機関法人
・地方独立行政法人
・公立大学法人
・自動車安全運転センター、日本司法支援センター、日本私立学校振興・共済事業団及び日本赤十字社

・公益社団法人及び公益財団法人
・学校法人で学校又は専修学校の設置を主たる目的とするもの
・社会福祉法人
・更生保護法人
・認定NPO法人

　ただし、法人が遺贈により取得した日から2年を経過した日において特定の公益法人等に該当しなくなった場合や、その日においてなお公益事業の用に供されていない場合、その個人や親族その他特別な関係がある者に対し特別な利益を与えるものである場合には、非課税とはなりません。

　なお、租税特別措置法の非課税の適用を受ける場合には、一定の事項が記載された証明書の添付が必要となりますので、寄附先からもらうことを忘れないようにしてください。

## 3　寄附先が必ずしも遺産を受け取るとは限らない

　特に租税特別措置法第70条の非課税規定を受ける場合、相続又は遺贈により取得した財産そのものを寄附する必要があるため、注意が必要です。

　寄附先は、現金であればほとんどのケースで受け入れるものと思われますが、現金以外のモノである場合、その財産の維持管理又は処分が困難であるケースも考えられ、その場合には受け入れないことも考えられます。

　遺言者の意思が確実に反映されるよう、遺言書作成の前に、希望する寄附先にモノでの受入れが可能かどうか、確認をしておく方がよいでしょう。場合によってはあらかじめモノを売却して換金しておき、お金で遺贈するといった対応が必要かもしれません。

## 4　よくあるケース

### （1）遺産をお寺や神社に寄附するケース

　相続が発生し、檀家が遺産の中からお金をお寺に寄附をしたり、近所の神社に寄附をしたりするケースがよくあります。

　生前に遺言書を作成しており、遺贈によりお寺が遺産の全部又は一部を引き継いだ場合、そのお寺がその遺産を本来の用途に供すれば、相続税法第12条により非課税となります。

　もし、遺言書がなく又は遺言書はあっても寄附に関する記載がない場合には、相続人が引き継いだ遺産の中からお寺や神社に寄附をしても、相続税は非課税となりません。租税特別措置法第70条の規定は宗教法人等には適用されないこととなっているからです。

### （2）お世話になった社会福祉法人である施設に寄附をするケース

　生前に社会福祉法人が経営する施設に入所しており、相続後にその社会福祉法人に寄附をするケースも多いでしょう。

　遺産の中から社会福祉法人に対して行う寄附で、それが法人の本来の用途に供するものであれば、遺贈によるものであっても相続人

からの寄附であっても、相続税は非課税となります。なお、相続人の意思で行う租税特別措置法第70条の規定による非課税となるためには、申告期限までに寄附を行い、かつ、相続税の申告書に証明書を添付することが要件となっていますので、寄附先から、寄附を証明する書類を忘れずにもらうようにしましょう。

---

**参考　ふるさとレガシーギフト**

　地方公共団体への遺産の寄附については、あらかじめ一定の金融機関との間で遺言代用信託契約を締結しておくことにより、相続発生時には金銭を希望する自治体に残すことができる制度があります。この制度を使えば、遺言書は不要です。令和元年7月現在、北海道上士幌町と奈良県生駒市が指定可能な自治体となっており、今後増加していくかもしれません。

# 遺言書作成の留意点

　この章では、どのような場合に遺言書を作成すべきか、作成する際の遺言書の様式の違いによる特徴や書き方の留意点について、また、夫婦が同時に遺言書を作成する場合の方法について解説することとします。

　さらに、遺言の代替機能を持ち、遺言ではできない承継を可能にする「家族信託」について紹介します。

# **1** 遺言書の作成が望まれる場合

　一般的には、ほとんどの場合において、自分の置かれた状況や家族関係をよく頭に入れ、それにふさわしい形で自分の思うように財産を承継させるように遺言をしておくことが、遺産争いを予防し、後に残された者が困らないようにするために必要なことであるといえます。特に下記のような場合には、遺言しておく必要性がとりわけ強く認められます。

①特定の財産を特定の相続人に相続させたい場合

　分割協議に任せると、そのとおりにならない可能性があります。

②子がなく、配偶者と兄弟姉妹が相続人となる場合

　兄弟姉妹には遺留分が認められないので、遺言書どおり相続させることができ、両者が財産を巡って話し合う必要がなくなります。

③先妻の子と後妻（子がいる場合を含む）がいる場合

　無駄な話合いによる軋轢が生じないようにします。

④子の中で特別に財産を多く与えたい者がいる、又は財産を与えたくない子がいる場合

　同居して介護や世話をしてくれた子に多く与えたければ、遺言が必要です。

⑤相続人が国外に居住していて、国内に所有する不動産を国内に居住する相続人に相続させたい場合

　相続による移転登記がスムーズに行えます。

⑥相続権がない、子の配偶者、孫、又は兄弟姉妹などに財産を与えたい場合

　相続人が財産を譲れば、相続人からの贈与になります。

⑦会社オーナーで、後継者へ自社株や会社で使用している不動産等を確実に相続させたい場合

会社の経営が停滞したり、支障が起こらないようにします。

⑧内縁の妻や認知した子がいる場合

内縁の妻には相続権がありません。また、認知した子の場合には、嫡出子との話合いに極めて困難を伴います。

⑨世話になった第三者に財産を渡したい場合

相続人がいなければ、世話になった方に遺言します。

⑩財産を公益事業に寄附したい場合

相手先の寄附の受入状況も確認しておきましょう。

⑪相続人がいない場合（次節参照）

その後の手続きの煩雑さを考慮すれば、遺言することが望まれます。

⑫銀行借入金等で賃貸住宅等を建築し、賃貸料で借入金の返済をしている場合

遺言書が残されていないと、賃貸収入は遺産分割協議が調うまでの間、相続人の法定相続分によってそれぞれに帰属することになります。

127

# 2 相続人がいない人の場合

## 1 家庭裁判所による相続財産管理人の選任

　相続人のあることが明らかでないとき、また、相続人全員が相続を放棄したとき、民法は相続財産を法人とする旨を定め、家庭裁判所は相続財産管理人を選任します [民法951、952]。

　法人となった相続財産であっても、ひとたび相続人が現れれば法人は存在しなかったものとみなされますが、相続財産管理人の行為については有効とされます。

　相続財産管理人は、相続財産の清算を主たる任務としていますが、その職務に関しては不在者の財産管理人に関する規定が準用されており、相続財産目録作成の義務があります。また、相続財産管理人は、相続債権者又は受遺者から請求があった場合には相続財産の状況を報告する義務を負っています。

## 2 特別縁故者への分与

　相続人の不存在が確定しても、残余の財産について一律に国庫に帰属させることは適当でないことから、残余の相続財産を特別縁故者へ分与する制度が設けられています。特別縁故者への残余財産の分与を認めた趣旨は、以下の点にあります。

①もし被相続人による遺言がなされていたとしたら、遺言をされていたであろう者に被相続人の意思を推測して残余財産を分与するという遺言制度を補充する。

②内縁の配偶者のように、実質的に相続人同様の地位にあった者に対して残余財産を分与することにより、法定相続制度を補充する。

　なお、相続人が不存在の場合でも、遺言書が残されていたときは、遺言書によって受遺者が財産を取得することができます。

# 3 どの方式の遺言にするか

## 1 遺言の種類

　民法では、普通方式の遺言3種類と特別方式の遺言4種類を定めています（**図表6-1**）。

　普通方式の遺言は、自筆証書遺言、公正証書遺言、及び秘密証書遺言の3種類です。原則として、この普通方式の遺言3種類の中から選択して遺言書を作成します。ただし、生命の危機が迫るような緊急時のために、特別方式の遺言も規定されており、死亡危急者遺言、船舶遭難者遺言、伝染病隔離者遺言及び在船者遺言の4種類があります。

図表 6-1　**遺言の方式**

| 普通方式 | | 自筆証書遺言 | 民法第968条 |
|---|---|---|---|
| | | 公正証書遺言 | 民法第969条、第969条の2 |
| | | 秘密証書遺言 | 民法第970条、第972条 |
| 特別方式 | 危急時遺言 | 死亡危急者遺言 | 民法第976条 |
| | | 船舶遭難者遺言 | 民法第979条 |
| | 隔絶地遺言 | 伝染病隔離者遺言 | 民法第977条、第980条 |
| | | 在船者遺言 | 民法第978条、第980条 |

## 2 遺言書の特徴

　普通方式の遺言書では、自筆証書遺言、又は公正証書遺言が一般的です。

　自筆証書遺言は遺言者自身で自書するもの、公正証書遺言は公証人が作成するものです。

## （1）自筆証書遺言の特徴

　自筆証書遺言は、遺言者が、その全文、日付及び氏名を自書し、これに押印すれば要件を満たします［民法968①］。

　遺言書の内容が簡潔で、例えば「私の所有するすべての財産は、○○に相続させる」と記載するような場合であれば、簡単に作成できます。一方で財産が多岐にわたり、相続人ごとに分けて詳細に記載するとなると、書き方に間違いがないか注意し、文章も長くなって書き損じがないようにしなければならず、手間を要します。そこで、民法が改正され、遺言書に記載する内容のうち、財産の全部又は一部の目録を添付する場合には、その目録については自書しなくてもよいこととされました［民法968②］（第1章参照）。

　また、自筆証書の場合においてしばしば問題となるのが、自筆かどうかという点と保管の点です。

　自書であるが故に、「本人が書いたものでない」あるいは「本人の意思ではない」などと、争いになることがあります。また、せっかく苦労して作成しても、いざとなったときに遺言書が家庭裁判所へ提出（検認手続き）されなければ意味がなく、この点で信頼できる相続人や知人に預けておくか、又は保管した場所を相続人等に知らせておく必要があります。

　今回の改正により、自筆証書遺言は、遺言書保管官によって本人（本人の意思）の確認の上で法務局に保管され、相続後の検索も可能となりました（「法務局における遺言書の保管等に関する法律」平成32年〈2020年〉7月10日施行）。これらの点から、遺言書の改ざんなどが防止され、保管の悩みもなくなるため、自筆証書遺言の欠点がかなり解消されることになりました（第1章参照）。

　さらに法務局での保管を利用すれば、家庭裁判所の検認手続きも不要となります。

## （2）公正証書遺言の特徴

　公正証書遺言は、公証人が遺言書を作成することや公証役場で保管される点で、自筆証書遺言の短所を補うことができます。公証人が作成することで自筆証書のように自身で作成することの不安がな

く、また、遺言書を紛失しても※最寄りの公証役場を訪ねて検索してもらえば、どの公証役場で作成したか分かり、あらためてそちらで謄本を請求することができます。

さらに、公正証書遺言のもう一つのメリットは、遺言者の自発的な意思に基づいて遺言しているのかが確認されている点です。自筆証書のように「偽造だ！」というような問題が起こりにくく、遺言者の意思判断能力に疑問が生じていても、公証人という第三者が本人の意思であることを確認しています。その点で、相続人の間でトラブルが発生する可能性があれば、公正証書遺言の方が間違いないといえます。

※公正証書遺言では、正本と謄本が遺言者に控えとして渡されます。

## （3）自筆証書遺言、公正証書遺言の比較

一般的に相続人の間の関係が良好であれば、自筆証書遺言でも構いませんが、もめる可能性があるのであれば、公正証書遺言にすべきでしょう。

図表6-2　自筆証書遺言、公正証書遺言の比較

| | 自筆証書遺言 | | 公正証書遺言 |
| --- | --- | --- | --- |
| | 改正前 | 改正後 | |
| 作成のしやすさ | 内容が少なければ簡単に作成できる | | 内容が複雑であれば、公証人に任せる方が間違いがない |
| 相続人の関係 | 相続人の間の関係が良好であれば、自筆証書でもよい | | 相続人間でトラブルが予想される場合には公正証書が無難 |
| 遺言書の保管 | 紛失しないように金庫か、信頼できる第三者に預ける | 法務局で保管してもらえる | 公証役場で保管されるので紛失の恐れがない |
| 費用 | かからない | 法務局での保管の場合には手数料が必要 | 公証人の手数料が必要 |
| 証人 | 不要 | | 2人以上必要（公証役場で手配も可能） |
| 検認手続き | 相続発生後に家庭裁判所で「検認」の手続きが必要 | 法務局で保管されるものは検認不要 | 不要 |

第6章

遺言書作成の留意点

131

# 4 何を書く必要があるか

　遺言書を作成する場合、次に掲げる留意点を押さえて作成すると、書き換える必要のない、もめるリスクを最小限に抑える遺言書になります。

## 1　すべての財産について記載する

　遺言書を作成する場合には、すべての財産について受遺者を指定します。財産の指定が一部の財産だけであれば、指定のない財産について相続人間で協議しなければなりません。遺言書の指定のされ方によって各相続人が相続する財産の内容も変わってきます。それこそ、遺言書の目的である、「思うように財産を承継させること」ができず、「もめない相続」が実現できなくなる恐れがあります。

　例えば、次のような遺言書があったとしましょう。

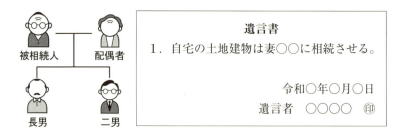

　この遺言者の財産が、自宅の土地建物で4,000万円、預貯金で4,000万円、総額8,000万円であるとします。相続人は配偶者、長男、二男の3人です。この遺言者に相続が起こった場合に長男、二男が法定相続分を主張すればどうなるでしょうか、民法上の相続分は次のような計算になります。

- ■配偶者の相続分：０円
  - ＝財産総額8,000万円×法定相続分1/2
    - −特別受益4,000万円（遺贈による自宅の土地建物）
- ■長男の相続分：2,000万円
  - ＝財産総額8,000万円×法定相続分1/4−特別受益０
- ■二男の相続分：2,000万円
  - ＝財産総額8,000万円×法定相続分1/4−特別受益０

　遺言者としては、自宅を配偶者に相続させ、残りの金融資産については、配偶者も含めて３人で分ければよいと考えていたかもしれません。しかし、子２人が相続分を主張すれば、配偶者は自宅以外の財産を全く受け取れなくなります。遺言書が一部の財産だけの指定であると、指定のない財産は分割協議の対象となり、特別受益の影響で自ずと指定の少ない者に優先されます。

　そのため、２人の子が相続分を主張するかどうかは別として、遺言するのであればすべての財産を指定しておくことが必要です。

　さらに、遺言書に記載されていない財産については、「上記以外の預貯金、有価証券その他所有する一切の財産については○○に相続させる」と付け加えて、問題が起こらないようにしておくとよいでしょう。

## 2　予備的遺言（補充遺言）

　配偶者と兄弟姉妹が相続人の場合で、すべての財産を配偶者に相続させたいと思う場合には、「妻（夫）○○にすべての財産を相続させる」と記載するだけで、自筆証書遺言を作成することが可能であることから、高齢者であっても無理なく遺言書を残すことができます。この場合、夫婦のどちらが先に相続となるのか分からないので、お互いが遺言書を作成しておくことが大切です。

　なお、相続人や受遺者が、遺言者の死亡以前に死亡した場合※、死亡した者の遺言の当該部分は失効してしまいます。そのため、受遺者の相続人が代襲相続することはなく、遺言者の相続人の分割協

第６章　遺言書作成の留意点

議になります。したがって、そのような心配があるときは、予備的に、例えば、「もし、妻が遺言者の死亡以前に死亡したときは、その財産を○○に相続させる」と書いておきましょう。これを「予備的遺言」又は「補充遺言」といいます（**図表6-3**）。

※遺言者より先に死亡した場合だけでなく、遺言者と同時に死亡した場合も含みます。

---

図表6-3　**予備的遺言（補充遺言）の記載例**

| |
| --- |
| 第1条　遺言者は、その有する次の不動産を遺言者の妻○○に相続させる。<br>………（中途省略）………<br>第6条　遺言者は、遺言者と同時又は遺言者よりも先に妻○○が死亡したときは、次のとおり相続させる。<br>（1）第1条に記載した財産は、長男△△に相続させる。 |

---

## 3　遺留分侵害額の請求

　遺言書を作成した場合でも、遺言書どおりに財産が相続されない場合があります。その原因の一つが遺留分侵害額の請求です。

　遺留分は相続時の財産が遺言や生前贈与等により減少し、自己に与えられる財産が少なくなった場合に、他の相続人や受遺者に対し最低限の権利として主張できる相続分をいいます。

　遺留分という権利が一定の相続人にある限り、遺留分に満たない財産であれば、遺留分侵害額の請求を行う可能性があります。この遺留分侵害額の請求が起こると、遺言者の希望どおりに相続させることができなくなります。

■民法
**（遺留分の帰属及びその割合）**
**第1042条**　兄弟姉妹以外の相続人は、遺留分として、（中略）遺留分を算定するための財産の価額に次の各号に掲げる区分に応じてそれぞれ当該各号に定める割合を乗じた額を受ける。
　　一　直系尊属のみが相続人である場合　3分の1
　　二　前号に掲げる場合以外の場合　2分の1
**2**　相続人が数人ある場合には、前項各号に掲げる割合は、これらに第900条（法定相続分）及び第901条（代襲相続人の相続分）の規定により算定したその各自の相続分を乗じた割合とする。
　　　　　　　　　　　　　　　　　＊第2項の（　）は、著者による補足。

　この遺留分侵害額の請求を起こさないようにするためには、どのように遺言すべきか、次の2つの方法が考えられます。

## （1）遺留分程度又は遺留分に満たないまでも、遺言で財産を指定する

　遺留分の権利を有する相続人に対し、遺留分に見合う程度の財産を指定しておけば、遺留分の請求は起こらずもめることはありません。どうしても財産を渡したくないという場合でも、何らかの財産を指定しておきます。遺留分の権利のある相続人にとっても、財産の指定が全くないよりは少しでも指定がされていれば納得しやすくなり、遺留分侵害額の請求を起こさない可能性が出てきます。

## （2）「付言」でその理由を記す

　「付言」は、なぜこのように遺言したのか、その理由や意味を表わすものです。財産のことしか書かれていなければ、なぜそのように財産を分けるのか理解できず、また生前に聞いていた話と異なると感じるケースも出てくるでしょう。そのような場合に備え、付言で財産が少ない理由が書かれてあれば、遺言者の意向を受け入れやすくなります。

第6章
遺言書作成の留意点

# 4 　付　言

　「付言」は、遺言書の末尾に書き添えているもので、付言そのものに法的な効力はありませんが、遺言書の内容を補完する働きがあります。遺言書で指定した財産に関する補足的説明として、特定の相続人に特定の財産を与える理由やそうでない理由を述べ、また、相続人に対する意見や感謝の気持ち、これまで世話になったことに対する思いを表現します。

　いくつか簡単な例を挙げてみます。

## （1）世話になった長女に財産を多く渡したい場合

　長女○○には大変世話になった。長女は私の介護のために仕事を辞め、食事の用意や買い物に掃除や洗濯といろいろと世話をしてくれた。そのお礼として私の財産を他の相続人より多く長女に相続させます。皆も理解してください。

## （2）同居の子に家を相続させたい場合

　長男○○には○○家を継いでもらうため、自宅や祭祀に関する財産を譲ることとしました。二男や長女は少ないと感じるかもしれないが、○○家のために我慢してください。

## （3）妻の面倒をみてほしい場合

　妻○○は体が丈夫でなく、私がいなくなった後が心配です。長女の○○にお母さんの面倒をみてほしいので、その分、それに見合う財産を与えたつもりです。どうかくれぐれもお母さんのことを頼みます。

## （4）特別受益を考慮させない場合

> 　各人にはそれぞれ生前にお金を贈与したが、過去の贈与はそのままにし、相続の際の分割にはそれを考慮しないで均等に分けてほしい。

---

**5**　　　　　　　　　　　　遺言執行者

　遺言の内容をそのとおりに実現させる行為を「執行」といいます。この執行を行うために遺言で定められた者が「遺言執行者」です。

　遺言者は、遺言で1人又は数人の遺言執行者を指定し、又は、その指定を第三者に委託することができます。

　一方、遺言執行者が就職を承諾したときは、直ちにその任務を行わなくてはならず、また、その任務を開始したときは、遅滞なく、遺言の内容を相続人に通知しなければなりません [民法1007]。

　この遺言執行者の業務は、遺言の内容を実現するために、相続財産の管理をして遺言の執行に必要な一切の行為をすることにあり、また遅滞なく財産目録を作成して相続人に交付しなければなりません。この間、相続人は、相続財産の処分や遺言の執行を妨げることはできません。

　相続人を遺言執行者に指定することはできますが、相続人間の利害も絡み、相続人自身が他の相続人との関係で手続きを実行しづらい場合があります。また、相続人自身が高齢となって手続きを履行することが困難なことも考えられます。

　そこで、遺言執行者が自己の責任で、その遺言の内容の実行を第三者に委ねる方法を認め、多くは、信頼のおける弁護士や司法書士等の職業専門家がその役割を担っています。

## 6　「遺贈する」から「相続させる」に読替え

　遺言書の作成において、相続人以外の者に財産を相続させる場合には、「遺贈する」と記載します。しかし、遺言者が死亡したときに、その受遺者が代襲相続人となっていることもあります。

　そこで、財産を相続することになったときにその受遺者が相続人である場合に備えて、以下のように遺言書に記載するようにします。

> ……を甲に遺贈する。ただし、甲が遺言者の相続開始時に相続人の地位にあるときは、「遺贈する」とあるのを「相続させる」と読み替えるものとする。

　「遺贈する」と遺言書に記載されている場合には、遺産である不動産を相続人名義へ登記変更するときであっても、登記原因は「遺贈」として取り扱われるのが原則です※。

　相続による所有権移転登記は、相続人からの単独申請ですが、遺贈は遺言に基づく登記とはいえ、贈与の一種なので、受遺者が単独で申請することができず、遺言者の相続人全員もしくは遺言執行者との共同申請となります。

　遺言執行者の定めがない場合には、家庭裁判所で遺言執行者を選任してもらうか、相続人全員の印鑑証明書や遺贈の対象不動産の登記済権利証（又は登記識別情報通知書）などを添付して相続人全員と共同申請を行うことになります。

※登録免許税及び不動産取得税については、遺言書で相続人に対して遺贈すると記載されていても「相続」により取得したものとして取り扱われます。

# 5 遺言書の撤回方法

　遺言の全部又は一部を撤回する場合、遺言作成者は新たに遺言書を作成し、その遺言で前に作成した遺言の全部又は一部を撤回する旨の遺言をすれば、前の遺言は撤回したものとみなされます［民法1022］。

　撤回の具体的な方法には、以下のようなものが考えられます。

①前の遺言を撤回する旨の遺言をする。

②前の遺言に抵触する内容の遺言をする。

③遺言者が生存中に遺言と抵触する処分行為などをする。

　遺言をした後、遺言者が生存中に遺言と抵触する処分行為などをすれば、抵触する部分については、遺言が撤回されたものとみなされます。

④遺言者が遺贈の目的物を故意に処分する。

　遺言者が遺贈の目的物を故意に処分すれば、その遺言に関する部分の遺言は撤回されたものとみなされます。

⑤遺言者が遺言を故意に破棄する。

　遺言者が遺言を故意に破棄したときは、遺言を撤回したものとみなされます。しかし、公正証書遺言は原本が公証役場に保管されているため、手許にある遺言公正証書謄本や正本を破棄しても遺言の撤回に当たりません。公証人法第25条によって公証人の作成した証書の原本は原則として役場外へ持ち出しすることを禁じられています。そのため、たとえ遺言者自身であっても、自らの作成した遺言公正証書の保管の撤回を求めることができません。

　一方、法務局で保管してもらっている自筆証書遺言の場合には、保管の撤回ができますので、自分で書いた自筆証書遺言を破

棄すれば撤回と同じ効果になります。

遺言書を撤回する方法としては、「新たに遺言をして、その遺言書の中で前の遺言を撤回すると表明する」①の方法が、直接で最も明確な方法です（**図表6-4**）。

撤回の意思を争われる恐れもありますので、後の遺言は公正証書のような、より厳格な方法ですることをお勧めします。

**図表 6-4　以前に作成した遺言の撤回の記載例**

令和元年第○○○号　　　　　　　　　　　　　　　　　　　　謄本

遺　言　公　正　証　書

本公証人は、遺言者○○○○の嘱託により、令和元年○月○日、当役場において同遺言者が後記公証人立会いの下に口述した下記遺言の趣旨を筆記してこの証書を作成する。

本旨要件

第１条　遺言者は、本日以前における遺言者の遺言（公正証書遺言を含む。）のすべてを撤回し、あらためて以下のとおり遺言する。

（以下、省略）………

# 6 争族防止のための 遺言書作成のポイント10か条

　遺言書を作成する場合、争いに発展しないよう留意して作成する必要があります。遺産争いに発展しない遺言書の作成のポイントを以下に掲げます。

---

**【争族防止のための遺言書作成のポイント10か条】**

**第1条**　特定遺贈により作成し、すべての財産について遺言する。不動産や金融資産を換金して相続させる場合を除き、複数人に割合で財産を相続させる遺言はできるだけ避ける。

**第2条**　分割困難な不動産や支配権に影響する自社株は、相続後に利害が対立することがないように付言事項なども記載した遺言にする。

**第3条**　未登記や共有の不動産、固定資産税が非課税となっている不動産について遺言書に記載漏れがないように注意する。

**第4条**　遺言書を書き換える場合には、従前の遺言書を撤回する旨を記載し、あらためてすべての財産について遺言する。

**第5条**　受遺者が遺言の効力発生前に死亡したときに備えて、その財産を次に誰に遺言するかを記載しておく（予備的遺言）。

**第6条**　遺言執行者を定めておき、預金や証券口座などの解約権限や解約金の受領権限、貸金庫の開扉権限などを付与しておく。

**第7条**　推定相続人に対して遺言する場合には「相続させる」、相続人以外の者に遺言する場合には「遺贈する」と記載する。

**第8条**　「財産」に関する遺言だけでなく、「祭祀の承継者」「お墓や祖先の供養」並びに「父母の扶養介護」についても記載する。

**第9条**　安全確実な公正証書遺言の作成を選択する。

**第10条**　遺留分に配慮した遺言書の作成を行う。

# 7 夫婦の遺言書

## 1 夫婦の遺言書の問題点

### （1）本人の遺言書だけでよいか？

　一般的によく見られる遺言書の例は、遺言者本人が、配偶者や子に対してどのように財産を相続させるかという内容の遺言書です。配偶者や子への思いを乗せた、様々な内容の遺言書のサンプルが示されています。

　配偶者や子に遺言者の財産を与える遺言書は、もめない円滑な財産の承継のためには非常に大切です。ただし、配偶者に受け継がれる財産については、その先の子へ財産が承継されるところまで考慮すべきです。そのためには、遺言者本人の次に、配偶者が遺言書を作成する必要があります。配偶者の遺言書がなければ、配偶者が亡くなった際に子の段階でもめてしまい、遺言者の意向に沿う財産の承継ではなくなる可能性があります。

　では、いつ配偶者は遺言書を作成すべきでしょうか？

　例えば、自宅について、まず妻に相続させ、妻が亡くなった後、長男に相続させたいと考えている場合に、次のような遺言書を作成したとします。

142

```
                     遺 言 書
        私、○○○○は次のように遺言する。
     1  妻○○に次の財産を相続させる。
        （１）自宅の土地建物
                       （中途省略）………
     2  長男○○に次の財産を相続させる。
                       （中途省略）………
     3  長女○○に次の財産を相続させる。
                       （中途省略）………
                              令和○年○月○日
                              （住所）…………
                              （氏名）○○○○  ㊞
```

　遺言者が亡くなった後、配偶者に自宅の土地建物が相続され、配偶者が「自宅の土地建物を長男に相続させる」という遺言書を作成すれば、配偶者が亡くなった後、自宅は長男に相続されます。

　ここで質問です。将来そのとおり配偶者が遺言書を作成することができるでしょうか？

　遺言者が亡くなった後に、配偶者が遺言書を作成しようとしても、遺言者が遺言書を作成してから何年か経過しているはずです。果たしてその時点で配偶者が確実に遺言書を作成できるのか？　という疑問です。

　残された配偶者が元気であればよいのですが、病気や認知症になっている可能性があり、そうなれば、遺言書を作成することができず、結果的に遺言者の希望どおりに自宅が長男に相続されるかどうか分からなくなります。場合によってはもめてしまうかもしれません。

　遺言書有り　➡　　遺言書無し　➡　争族!?
　　夫　　　　　　　　　　　妻

つまり、配偶者へ相続後、次に誰に相続されるかを記した遺言書が、今、実際になければ、確実に長男に相続させるものとなっておらず、遺言者の思いどおりの財産の承継にならない可能性があるのです。

## （２）配偶者も一緒に遺言書を作成する

　では、どのように遺言書を作成すればよいでしょうか？

　それは、夫婦そろって、今、遺言書を作成することです。将来、夫から相続した後、妻が遺言書を作成するのではなく、夫から将来相続する予定の財産も含めて、妻も同時に遺言書を作成します。

　**夫が遺言する**　　　　**妻も遺言する**

|  |  |
|---|---|
| （夫の）遺言書<br><br>私、○○○○は、次のように遺言する。<br><br>１　妻○○に次の財産を相続させる。<br>　（１）自宅の土地建物<br><br>　　　令和○年○月○日<br>　（住所）……………<br>　（氏名）○○○○　㊞ | （妻の）遺言書<br><br>私、○○○○は、次のように遺言する。<br><br>１　長男○○に次の財産を相続させる。<br>　（１）自宅の土地建物<br><br>　　　令和○年○月○日<br>　（住所）……………<br>　（氏名）○○○○　㊞ |

## 2　夫婦の遺言書作成のポイント

　配偶者から子への相続を含めて、夫婦間で万全な遺言書を作成するには、夫婦一緒に遺言書の作成を検討し、お互いに相手方が先に亡くなった場合を想定して、次にどの子に相続させるのか、また、相手方からの遺言書によって自分が相続する財産も含めて遺言書を作成することが大切です。

　そのための作成の方法を、夫婦各々の順で紹介します。

### （1）夫の遺言書：妻が先に亡くなった場合に備えて、次に誰に財産を相続させるかを遺言書に書いておく

　本人が遺言書を作成しても、財産を指定した相手の配偶者が先に亡くなってしまったのでは、配偶者に相続させる予定である財産について効力がなくなります。

　このため、配偶者に遺言した財産については配偶者が先に亡くなる可能性もあることを踏まえ、配偶者の次に誰に相続させるかを記載しておきます。このように補充して作成しておけば、配偶者に万が一の事があっても、遺言書を書き改める必要はありません。

妻が先に亡くなった場合に備えて

次の受遺者 （子）を指定しておく

```
                遺　言　書
1　妻○○に次の財産を相続させる。
　（1）自宅の土地建物
2　妻○○が先に亡くなっていたときは、1の（1）の財産については、
　　長男○○に相続させる。
                             令和○年○月○日
                             （住所）……………
                             （氏名）○○○○　㊞
```

第6章　遺言書作成の留意点

## （2）妻の遺言書：夫が先に亡くなった場合に備えて、夫から相続される予定の財産も含める

　夫が先に亡くなり、夫の遺言書により夫から相続される財産がある場合には、夫が亡くなってから遺言書を作成する必要がないように、あらかじめ本人から相続する予定の財産を含めて遺言書を作成します。

　遺言書に記載される財産は、遺言者自身の相続が起こった際の財産についてのことですから、現在所有していなくても、その財産を取得する予定で遺言書に記載しても構いません。

　仮に、相手より先に自分が亡くなっても、その部分の効力がなくなるだけで遺言書自体の効力に影響はありません。

　夫が先に亡くなれば、必然的に妻に自宅の土地建物が相続されますので、それを長男に与える遺言書を作成します。

 夫が先に亡くなった場合に備えて

 夫から相続される財産を含めて遺言する

```
              遺 言 書
1   長男○○に次の財産を相続させる。
      （1）自宅の土地建物

                          令和○年○月○日
                          （住所）……………
                          （氏名）○○○○  ㊞
```

### （3）妻の遺言書：妻自身の財産も遺言しておく

　（２）のように、夫が妻より先に亡くなった場合に備えて、遺言書を作成するのであれば、妻自身が元々所有する財産についても併せて遺言しておきます。

　例えば、妻が「○○証券○○支店に保護預け中の株式○○○株」を所有しており、これについて、夫より先に自分が亡くなれば夫に相続させ、また、夫が先に亡くなっていれば、長女に相続させたいと考えていれば、次のように遺言します。

夫が先に亡くなった場合に備えて

次の受遺者  （子）を指定しておく

---

遺　言　書

1　夫○○に次の財産を相続させる。
　（１）○○証券○○支店の保護預け中の株式
2　夫○○が先に亡くなっていたときは、1の（１）の財産については、長女○○に相続させる。

　　　　　　　　　　　　　　令和○年○月○日
　　　　　　　　　　　　　　（住所）……………
　　　　　　　　　　　　　　（氏名）○○○○　㊞

## （4） 夫の遺言書：妻が先に亡くなった場合に備えて、妻から相続する予定の財産も含める

　最後に、夫の遺言書に戻って、妻が先に亡くなった場合に妻から相続される財産があれば、それも含めて作成します。

　（3）の例で、妻が先に亡くなった場合に相続される財産（○○証券○○支店の保護預け中の株式）がありますので、それを長女に相続させる文言を入れます。

 妻が先に亡くなった場合に備えて

 妻から相続する財産を含め遺言する

---

遺　言　書

1　妻○○が先に亡くなっていたときは、長女○○に次の財産を相続させる。
　（1）○○証券○○支店の保護預け中の株式

　　　　　　　　　　　　　　令和○年○月○日
　　　　　　　　　　　　　　（住所）……………
　　　　　　　　　　　　　　（氏名）○○○○　㊞

## （5） 両者の遺言書

　上記、（1）〜（4）の遺言書の内容をまとめて記載すると、次のような夫婦の遺言書が出来上がります。

### ①夫の遺言書

```
                      遺 言 書
1  妻○○に次の財産を相続させる。
   （1）自宅の土地建物
2  妻○○が先に亡くなっていたときは次のように相続させる。
   （1）1の（1）の財産については、長男○○に相続させる。
   （2）○○証券○○支店の保護預け中の株式については、長女○
       ○に相続させる。
                               令和○年○月○日
                               （住所）……………
                               （氏名）○○○○  ㊞
```

### ②妻の遺言書

```
                      遺 言 書
1  夫○○に次の財産を相続させる。

   （1）○○証券○○支店の保護預け中の株式
2  夫○○が先に死亡していたときは次のようにする。
   （1）1の（1）の財産については、長女○○に相続させる。
   （2）自宅の土地建物については、長男○○に相続させる。
                               令和○年○月○日
                               （住所）……………
                               （氏名）○○○○  ㊞
```

　以上のように、夫婦が同時に遺言書を作成する場合、それぞれが財産をどのように相続させるか、配偶者から相続する財産についても次に誰にどのように相続させるかなど、お互いに相手方と確認して遺言書を同時に作成することで、配偶者が単独で遺言することの

不安を解消し、お互いの意向に沿った、思いどおりの遺言書が作成できます（**図表6-5**）。

> 【作成のポイント】
> ・配偶者が先に亡くなった場合に備えて補充遺言をしておく。
> ・配偶者が先に亡くなった場合に、配偶者から相続する財産を含めて遺言書を作成する。
> ・夫婦が一緒に遺言する。

このようにして夫婦が一緒に遺言書を作成すれば、どちらが先に亡くなっても、遺言書を書き換えたり、あるいは、新たに作成したりする必要がなくなります。

夫婦の意向どおりに財産を相続させることができ、遺言書を改める必要がなく、争族を防止することができます。

図表6-5　**夫婦が同時に遺言書を作成した場合**

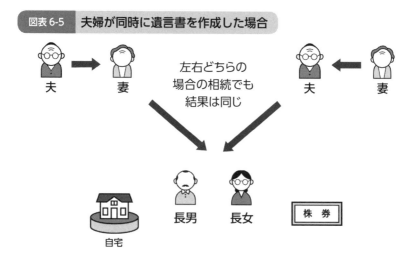

# 8 家族信託

　家族信託とは、「家族のための家族による財産管理や財産承継」
で、信託法でいう信託を家族や親族で構成する場合を称し、信託会
社その他の金融機関等外部の機関が関わらないものを指します。平
成19年に改正信託法が施行され、個人でも利用することができる
ようになりました。

## 1 信託の概要

　「信託」とは、所有者が一定の目的のために、その保有する不動
産、現金、預貯金、有価証券等の資産を信頼できる他人に託し、誰か
（所有者や第三者）のためにその財産の管理、処分を任せる仕組み
です。

　信託の構成者は基本的に次の三者で、信託契約は契約や遺言に
よって行われます。

| 委託者 | 自己の財産を委ねる者 |
|---|---|
| 受託者 | 財産を委託者から預かって管理する者 |
| 受益者 | 受託者から、財産から生じる収益や分配を受ける者 |

　家族信託は、委任や代理に近いともいえますが、汎用性が高く継
続性もあり、また、判断能力が低下したときの後見制度より柔軟な
利用ができ、さらに遺言の代わりを果たすことができます。

　家族で信託を組む場合には、**図表6-6**のように委託者と受益者が
同一人物で、委託者と受託者の契約の締結でスタートさせる場合が
一般的です。

第6章 遺言書作成の留意点

図表6-6　家族信託

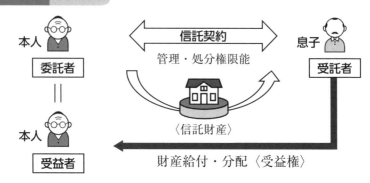

## 2　財産管理と承継での利用

　家族信託は、委託者の現金や不動産などの財産を受託者に預け、管理させることから、主に財産の管理を目的として利用されます。また、受益権という権利の移動を捉えて、財産の承継の手段としても利用されます。

### (1) 高齢者の財産管理

　高齢になり、意思能力が低下して認知症となれば、預金を引き出すことができなくなります。また、体力や気力の低下によって金銭の管理が面倒になり、生活費その他の支払いがきちんとできなくなる可能性もあります。このような場合に、子に財産を信託することで、受託者である子が本人に代わって日常の生活費、介護や施設の費用を支払い、本人の生活に支障のないように金銭等の財産を管理します。また、将来老人ホームへ入所するため、自宅等の売却を必要としている場合に、あらかじめ子に自宅等の不動産を信託しておくことで、子が本人に代わってタイミング良く不動産を売却し、スムーズに入所することができます。

　賃貸不動産を所有している場合には、その賃貸不動産に係る入退去の交渉や修繕の依頼、賃貸料の回収から管理費の支払いまで一切を本人に代わって、子が行うことが可能です。

## （2）親亡き後の問題

　障害のある子を持つ場合、親が元気なうちは自分でその子の面倒をみることはできますが、高齢になれば世話をするのが大変になります。さらに、自分が亡くなれば、その子の面倒を誰がみるのか、どうやってその子の生活を支えていくのかという問題が残ります。

　その子の兄弟や親族に財産を預けて面倒をみてもらうということが考えられますが、財産をその子のためにきちんと管理してもらえるか不安が残ります。また、判断能力のある子であれば後見制度を利用することができません。

　一方、信託では、その子に受益者として財産から得る権利（受益権）を持たせながら、財産の管理を兄弟や親族に受託者として引き受けてもらうことで、経済的基盤を得ながら生活することができます。このような利用法は、障害者以外でも幼年者や浪費家のケースで考えられます。

## （3）相続対策

　家族信託で受益者の死亡後の財産に係る帰属権利者を指定することで遺言の代わりになります。

　また、死亡後の財産に係る帰属権利者を定めた信託契約があれば、家族や相続人にその内容を説明し合意を得ることで、生前に将来における相続を確定させることができます。現在の民法では生前の家族の合意はどのようなものも無効ですが、信託を利用して生前に相続の取決めを有効にさせることができます。

　また、委託者である本人が認知症を発症しても、発症前に結んだ信託契約の目的に沿って、受託者である子が不動産の有効利用を図り相続税対策につなげることも可能です。

## （4）財産の連続承継

　遺言では誰かに財産を引き継がせることはできても、その次の承継者まで指定することはできません。しかし、信託では受益者を連続して指定して、財産を受益権という債権の形で承継させることができます。

例えば、ある財産の受益権を自身が亡き後は配偶者に引き継が
せ、配偶者が亡き後は長男に引き継がせるというように順に承継さ
せることが可能です。この受益権の承継を「後継ぎ遺贈型の受益者
連続信託」といいます。

　この「後継ぎ遺贈型の受益者連続信託」は、信託契約が始まって
30年経過後に新たに受益権を取得した者が死亡するまで有効となり
ます。

■信託法
**（受益者の死亡により他の者が新たに受益権を取得する旨の定めのある信託の特例）**
**第91条**　受益者の死亡により、当該受益者の有する受益権が消滅し、他の者が
　新たな受益権を取得する旨の定め（受益者の死亡により順次他の者が受益権
　を取得する旨の定めを含む。）のある信託は、当該信託がされた時から30年を
　経過した時以後に現に存する受益者が当該定めにより受益権を取得した場合
　であって当該受益者が死亡するまで、又は当該受益権が消滅するまでの間、そ
　の効力を有する。

## 3　家族信託のメリット

　このような家族信託の利用法からそのメリットをまとめると、次
のようなことが挙げられます。

### （1）何もできない後見制度に代わる柔軟な財産管理ができる

　認知症により後見制度を利用すると、家庭裁判所が関与するた
め、被後見人の財産について借入れや贈与あるいは投資ができず、
リスクのあることはご法度となります。その点、家族信託であれば、
家庭裁判所の関与はなく、信託契約の目的の範囲内で信託財産の柔
軟な運用ができ、不動産の売却や有効活用、あるいは相続対策を図
ることが可能です。

## （２）生前に相続を決めることが可能

　民法では、生前に相続を確定することはできず、遺贈（死因贈与を含む）以外にどのような約束も無効となります。その点、家族信託を利用して財産の帰属や受益権の承継を指定しておけば、契約によって生前に相続を確定させたも同然となります。

## （３）民法では不可能な「次の次へ」（又その次へ）の財産承継が可能となる

　遺言では自己の財産を誰に承継させるかの指定ができますが、家族信託ではその次、次の次というように、家族や親族間で自由に財産の承継（後継ぎ遺贈型の受益者連続信託）をさせることが可能です。

## （４）不動産の共有問題や共有相続への紛争予防

　共有の不動産でも、全員が信託を組んで受託者を１人にしておけば、共有者に認知症の発症があってもその影響を受けずに、受託者の意思で不動産の管理や運用、処分をスムーズに行うことができます。

## （５）受益権の分割による共有への対応が可能

　相続分の請求を受けても、受益権の一部を渡すことで、所有権を留保することができます。さらに、相手の受益者が亡くなった後の受益者を指定して受益権を取り戻すことも可能です。

第6章　遺言書作成の留意点

155

## 4 家族信託の利用例

ここでは、いくつか家族信託の利用例を挙げてみます。

### ケース1　妻経由で自宅を同居の子に相続させたい

> X氏は自宅の土地建物について妻Yに相続させ、その後は同居している長男Aに相続させたいと考えています。確実に長男Aに相続させることができるか心配です。

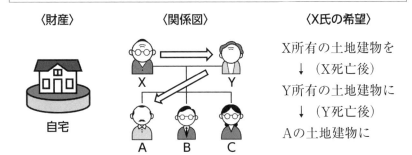

①遺言書での対応

　X氏が妻Yに「自宅の土地建物を相続させる」という遺言書を作成して、さらに、妻Yが長男Aに「自宅の土地建物を相続させる」という遺言書を作成する必要があります。ただし、妻Yが認知症になれば遺言書を作成できなくなる可能性があります。

②家族信託での対応

　X氏が委託者、長男Aが受託者で、当初受益者をX氏とし、第2受益者を妻Y、第3受益者を長男Aとし、その後に信託を終了させて、その財産の帰属権利者を長男Aとすれば、X氏の思い描く財産の承継（受益権の移動X→Y→A）が可能となります。その間は受託者である長男Aが自宅の管理を行います。

**ケース2** 後妻から前妻の子へと自宅を相続させたい

> X氏は自宅を妻Yに相続させた後、前妻との間の子Aに継がせたいと考えています。ただし、妻Yには子Bがおり、子Aが妻Yとの間で養子縁組をしていないため、このままでは妻Yの亡き後は子Bが相続してしまいます。妻YにチAへ遺言させる予定ですが、そのとおりになるか心配です。

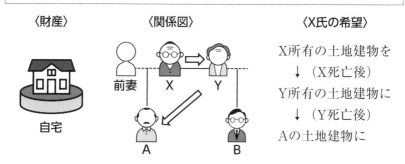

① 遺言書での対応

　X氏は妻Yに自宅を相続させた後、妻Yに、子Aに自宅を遺贈する遺言書を作成させます。

　ただし、妻Yがその遺言書を書き換えたり、子Bから遺留分侵害額の請求が起きたりする心配があります。

② 家族信託での対応

　X氏（委託者）は受託者を子Aとして、X氏自身を当初受益者、X氏が亡くなった後の第2受益者を妻Yとし、妻Yが亡くなった後の第3受益者を子Aとします。その後信託を終了させて、その際の帰属権利者を子Aとする信託（受益権の移動X→Y→A）を組みます。

＊子Bから遺留分侵害額の請求が起こっても遺留分の対象財産に含まれないように、「第2受益者の受益権が消滅して、新たに第3受益者の受益権が発生する」という文言を契約書に入れておくことで、子Aが取得する受益権は相続によって承継されるものでないため、原則、遺留分侵害額の請求となる財産に含まれないとする考え方があります（161頁 **5**（6）参照）。

**ケース3** 長男⇒二男の子に家督相続させたい

> X氏は代々の不動産を長男Aに相続させる予定ですが、長男Aには子がいないため、長男A亡き後は、二男Bの子である孫Cに承継させたいと考えています。長男Aから二男の子の孫Cへ遺言を書かせる予定ですが、そのとおりになるか不安です。

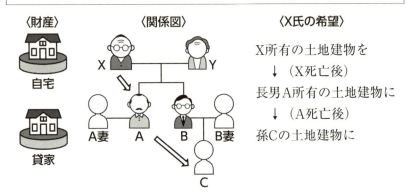

① 遺言書での対応

　X氏は長男Aに不動産を遺言しますが、さらに長男Aは二男Bの子Cに対してX氏から引き継ぐ予定の不動産を遺言しておきます。

　ただし、長男Aが遺言書を書き換えたり、Aの妻が遺留分侵害額の請求をする可能性があります。

② 家族信託での対応

　X氏（委託者）は受託者を二男B、X氏自身を当初受益者、X氏が亡くなった後の第2受益者を長男Aとし、さらに長男Aが亡くなった後の第3受益者を二男Bの子である孫Cとする信託（受益権の移動X→A→C）を組みます。

　二男Bが受託者となって財産の管理を行い、孫Cに受益権が移った後、財産の帰属権利者を孫Cとして信託を終了させます。

**ケース4** 夫婦に子がいない

> X氏夫婦には子がいません。X氏は自分が亡くなった後は妻Yに全部の財産を相続させ、妻Yが亡くなった後は、親しかった兄弟Aの子のZに自宅不動産を相続させたいと考えています。ただし、妻Yが認知症になって遺言書の作成ができなくならないか心配です。

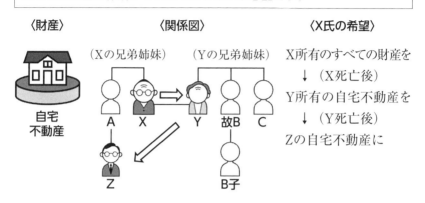

①遺言書での対応

　X氏は自宅その他一切の財産を妻Yに遺言します。さらに妻Yは残った財産についてZに遺言しておきます。
　妻Yが認知症になる前にZに遺言しておかないと、妻Yの兄弟姉妹であるCとB子に財産が行ってしまいます。

②家族信託での対応

　X氏（委託者）は受託者をX氏の兄弟Aにし、X氏自身を当初受益者、X氏が亡くなった後の第2受益者を妻Yとし、第2受益者の妻Yが亡くなれば信託を終了し、その際の財産（自宅不動産）の帰属権利者をAの子Zとする信託（受益権の移動X→Y）を組みます。
　これにより、X氏と妻Y死亡後は、自宅不動産はZが承継できます。

## 5 遺言と家族信託との相違点

　財産の承継という点で遺言と比較した場合、家族信託には次のような特徴があります。

### （1）権利の形態

　家族信託の場合は受益権という権利を承継させます。一方、その権利の対象となる財産は受託者が所有し管理しますが、その財産から得られる収益や分配はすべて受益者に帰属して、受託者は享受することはできません。名義は受託者の名前となりますが、実質的な権利やその中身はすべて受益者のものとなります。

### （2）承継者の連続性

　遺言の場合は、自己の財産について相続人その他の者に承継させますが、家族信託の場合は受益権として、当初受益者→第2受益者→第3受益者というように、その権利を連続して承継させることが可能です。

### （3）財産の指定

　家族信託を組成する場合には、信託財産について「すべての財産」とする指定はできないため、すべての財産を受益権として移すことはできません。すべての財産を承継させるのであれば、別途遺言が必要となります。

### （4）承継者が決まらない場合

　相続争いが起こらないように遺言書を作成したいが、財産の承継者が決まらない、ということがあります。

　子が複数いてまだ皆が幼く、後継者を決められないといった場合です。このような場合に家族信託を利用して、信頼できる第三者や親族を受益者指定権者としておき、将来、相続の時点で「受益者指定権者の判断で次の受益者を決定する」と定めることで、委託者の意向に沿った形で承継者を決めることが可能です。

## （5）取り消す場合

　遺言書は、その内容を変更することがいつでも可能であるのに対し、家族信託の場合は、例えば「その時点の受益者と受託者の合意によって変更できる」というような契約にすれば、受益者単独の意向だけで変更することはできなくなります。

## （6）遺留分の対象

　家族信託の場合の受益権が遺留分侵害額の対象財産に含まれないかという点ですが、「受益権が消滅して、新たに次の受益者に受益権が発生する」としておけば、相続によって承継されるものでないため、原則、遺留分侵害額の請求となる財産に含まれないとする考え方があります。

　ただし、民法の考え方に抵触する可能性もありますので、今後の判例や動向に注意する必要があります。

図表6-7　**遺言と家族信託の相違点**

|  | 遺言の場合 | 家族信託の場合 |
|---|---|---|
| 取消し | 何回も書き直しが可能で、重複した内容については後に書かれた方が優先する。 | 原則、委託者、受益者及び受託者の合意。ただし、契約書で別段の定めをおくこともできる。 |
| 財産の連続性 | 自己の財産についてのみ可能。 | 受益権として、連続して相続させることが可能。 |
| 財産の全部の指定 | 全部の財産について指定できる。 | 全部の財産については不可能。 |
| 承継者が不確定の場合 | 指定できない。 | 受益者指定権者を設け、受益者を指定することが可能。 |
| 遺留分侵害 | 遺留分侵害額の請求の対象となる。 | 受益権が遺留分侵害の対象となるかどうかは今後の判例による。 |

第
**7**
章

# 相続開始と相続税

　相続が開始すると、様々な手続きを期限内に行う必要があります。そのため、着手が遅れると重要な期限が過ぎてしまう恐れがあるため、素早い着手とスケジューリングが大切です。

# 【一般的なスケジュール確認表（平成31年1月1日相続開始の例）】

## 相続税申告までの手続き（申告スケジュール）のご確認

依頼人：　　　　　　　　様

　故：国税　太郎　様に係る相続税の申告までの標準的な手順は、以下のようになりますのでご確認ください。なお、具体的な日程については、後日のご相談となります。

| 日　程 | 関連事項 | 備　考 |
|---|---|---|
| 相　続　の　開　始<br>[平成31年1月1日(火)] | □ 被相続人の死亡<br>□ 葬儀 | 死亡届の提出（7日以内）<br>葬式費用の領収書の整理・保管 |
| | □ 四十九日の法要 | [平成31年2月18日(月)] |
| | □ 遺言書の有無の確認<br>□ 遺産・債務・生前贈与の概要と<br>　相続税の概算額の把握<br>□ 遺産分割協議の準備 | 家庭裁判所の検認・開封<br><br>未成年者の特別代理人の選定 |
| 3　か　月　以　内<br>[平成31年4月1日(月)] | □ 相続の放棄又は限定承認<br>□ 相続人の確認 | 準備（家庭裁判所へ）<br>家庭裁判所へ申述 |
| | □ 百か日の法要 | [平成31年4月10日(水)] |
| 4　か　月　以　内<br>[令和1年5月7日(火)] | □ 被相続人に係る所得税の申告・<br>　納付（準確定申告）<br>□ 被相続人に係る消費税・地方消<br>　費税の申告・納付 | 被相続人の死亡した日まで<br>の所得税を申告<br>被相続人の死亡した日までの<br>消費税・地方消費税を申告 |
| | □ 根抵当の設定された物件の登記<br>　（6か月以内）<br>□ 遺産の調査、評価・鑑定<br>□ 遺産分割協議書の作成 | [令和1年7月1日(月)] |
| | □ 各相続人が取得する財産の把握<br>□ 未分割財産の把握<br>□ 特定の公益法人へ寄附等<br>□ 特例農地等の納税猶予の手続き | 農業委員会への証明申請等 |
| | □ 相続税の申告書の作成<br>□ 納税資金の検討 | |
| 10　か　月　以　内<br>[令和1年11月1日(金)] | □ 相続税の申告・納付<br>　（延納・物納の申請）<br>□ 遺産の名義変更手続き | 被相続人の住所地の税務署に<br>申告 |

（注）1. 被相続人の事業を承継する場合の所得税や消費税の申告書等の提出期限
　　　　…別紙「事業承継の場合の申請書等の提出期限」参照
　　　2. 相続税額の取得費加算の特例適用、未分割財産についての配偶者の税額軽減や小規模宅地等・特定計画山林・特定事業用資産の特例適用
　　　　…申告期限後3年（令和4年11月1日(火)）以内に相続財産を譲渡又は未分割財産を分割

出典：TKC「相続税申告書作成システム（TPS8000)」

# ① 遺言書の検索と検認手続き

　相続手続きは、遺言書の有無によって大きく異なります。遺産分割協議が調った後に遺言書が発見されると、遺産分割協議そのものが無効とされる可能性も考えられるため、まず、最初に遺言書の有無を確認することは欠かせません。

## 1　公正証書遺言及び秘密証書遺言の存否の照会

### （1）遺言検索の手続き

　公正証書遺言及び秘密証書遺言については、全国どこの公証役場からでも存否の照会が可能です。平成元年（東京都内は昭和56年）以降に作成されたものであれば、日本公証人連合会において、遺言書を作成した公証役場名、公証人名、遺言者名、作成年月日等を全国的にデータベース化されており、遺言書検索システムですぐに調べることができます。ただし、遺言の閲覧・謄本請求はその遺言を作成した公証役場に対してしなければなりません。検索は無料ですが、遺言の閲覧・謄本の交付には費用がかかります（**図表7-1**）。

　なお、秘密保持のため、相続人等利害関係人のみが公証役場の公証人を通じて照会を依頼することができるため、被相続人の死亡の事実の記載があり、かつ、被相続人との利害関係を証明できる記載のある戸籍謄本と、請求者の身分を証明するもの（運転免許証等）を持参して照会することになります（**図表7-2**）。

第7章　相続開始と相続税

165

| 図表 7-1 | 遺言検索に要する費用 |
| --- | --- |
| 遺言検索 | 手数料はかかりません |
| 遺言公正証書原本の閲覧 | 1回当たり200円 |
| 謄本の交付 | 証書謄本の枚数×250円 |

**図表 7-2　遺言検索の必要書類**

| 請求者本人が<br>手続きをする場合 | 請求者の代理人が<br>手続きをする場合 |
| --- | --- |
| 遺言された方の死亡が確認できる資料：除籍謄本など<br>請求者が相続人であることを確認する資料：戸籍謄本 | |
| ・請求者の本人確認資料※ | ・請求者の印鑑証明<br>　（発行から3か月以内）<br>・委任状<br>　（委任者の実印が押されたもの）<br>・代理人の本人確認資料※ |

※本人確認資料とは以下①又は②のいずれかの資料です。
　①運転免許証、パスポートなど顔写真入りの公的機関発行の身分証明と認印
　②発行から3か月以内の印鑑登録証明書と実印

　遺言検索の委任状については、特に様式が定められているわけではありませんが、公証役場で取得でき、一部の公証役場ではホームページから入手することも可能です。公証役場で取得できる委任状は交付・閲覧申請書と一体の様式になっているものもあります（**図表7-3**）。

| 図表 7-3 | 遺言検索の委任状（見本） |

## 正・謄本交付 原本閲覧 申請書

令和　　年　　月　　日

○○法務局所属　公証人＿＿＿＿＿＿＿＿＿＿＿＿＿＿＿　殿

### 1　申請人

| 住　　　所 | | |
|---|---|---|
| 商　号氏　名 | | ㊞ |
| 代表者代理人 | | |
| | TEL（　　　）　　　局　　　番 | |

### 2　申請に係る証書の表示

| 公証人＿＿＿＿＿＿＿＿＿＿　作成 | |
|---|---|
| 昭和・平成・令和　年　第　　　　号 | 公正証書定　款 |

### 3　申請事項（該当するものに○をして下さい）

| 1 | | 公正証書原本及び付属書類の閲覧を申請します。 |
|---|---|---|
| 2 | | 同　　　謄本　　　　通の交付を申請します。 |
| 3 | | 同　　　正本　　　　通の交付を申請します。 |
| 4 | | 同付属書類（　　　　　　　　）謄本　　通の交付を申請します。 |
| 5 | | 定款原本及び付属書類の閲覧を申請します。 |
| 6 | | 同　謄本　　　通の交付を申請します。 |
| 7 | | 遺言者　　　　　　　　　　　　　の遺言公正証書検索を申請します。 |

上記申請書類を受領しました。

令和　　年　　月　　日

申請人

㊞

| 委　任　状 |
|---|
| 前記申請並びに受領の代理人に＿＿＿＿＿＿＿＿＿＿＿＿＿を選任する。

令和　　年　　月　　日

㊞ |

※3ヶ月以内発行の印鑑証明書（法人は資格証明も）添付して下さい。

出典：公証役場書類より作成

第7章　相続開始と相続税

## （2）遺言書が発見された場合

　公正証書遺言は公証役場にその原本が保管されていることから再発行は可能ですが、秘密証書遺言については作成の有無のみの確認となり、原本は本人が保管しているはずなので、秘密証書遺言書の原本が発見されない場合には、遺言の効力は生じないことになります。

　また、複数の遺言書が発見された場合、先の遺言と後の遺言が抵触するときには、抵触する部分について後の遺言が優先するとされています。抵触していない場合、例えば、最初の遺言で「預貯金は妻に相続させる」となっており、次の遺言で「土地建物は長男に相続させる」となっている場合は2通とも有効です。

<br>

### 2　自筆証書遺言の存否の照会

　平成32年（2020年）7月10日から自筆証書遺言を法務局で保管する制度が施行されます（第1章参照）。この保管がされた自筆証書遺言については、遺言者が死亡した後、相続人等が保管の有無などについて照会を依頼することができるようになります。

　なお、この照会手続きは、公正証書遺言及び秘密証書遺言の検索とは異なり、法務局に対して行うことに注意が必要です。

<br>

### 3　遺言書の検認

　遺言書（公正証書による遺言を除く）の保管者又は遺言書を発見した相続人は、遺言者の死亡を知った後、遅滞なく遺言書を家庭裁判所に提出して、その「検認」の請求を行う必要があります（**図表7-4**）。また、封印のある遺言書は、家庭裁判所において相続人等の立会いの下で開封しなければならないこととなっています。

　検認とは、相続人に遺言の存在とその内容を知らせるとともに、遺言書の形状、加除訂正の状態、日付、署名など、検認時の遺言書の内容を明確にして「偽造・変造」を防止するための手続きです。遺言の有効・無効を判断する手続きではありません。

なお、法務局における保管制度により保管された自筆証書遺言については、この検認手続きが不要となります。

### 図表 7-4　検認手続きの概要

| 申立人 | 遺言書の保管者又は遺言書を発見した相続人 |
|---|---|
| 申立先 | 遺言者の最後の住所地の家庭裁判所 |
| 必要書類 | ①申立書（**図表7-5**）<br>【共通して要するもの】<br>②遺言者の出生から死亡までのすべての戸籍謄本<br>③相続人全員の戸籍謄本<br>④遺言者の子（及びその代襲者）で死亡している人がいる場合、その子（及びその代襲者）の出生から死亡までのすべての戸籍謄本<br><br>【相続人が遺言者の（配偶者と）第2順位相続人（父母等）の場合】<br>⑤遺言者の直系尊属で死亡している人がいる場合は、その直系尊属の死亡の記載のある戸籍謄本<br><br>【相続人が不存在の場合、遺言者の配偶者のみの場合、又は遺言者の（配偶者と）第3順位相続人（兄弟姉妹及び甥姪）の場合】<br>⑤遺言者の父母の出生から死亡までのすべての戸籍謄本<br>⑥遺言者の直系尊属の死亡の記載のある戸籍謄本<br>⑦遺言者の兄弟姉妹に死亡している人がいる場合、その兄弟姉妹の出生から死亡までのすべての戸籍謄本<br>⑧代襲者としての甥姪に死亡している人がいる場合、その甥又は姪の死亡の記載のある戸籍謄本 |
| 申立費用 | 遺言書1通につき収入印紙800円分 |

第7章　相続開始と相続税

**図表 7-5　遺言書の検認の申立書（記載例）**

| 受付印 | | 家 事 審 判 申 立 書　事件名（　　遺言書の検認　　） |
|---|---|---|
| | | （この欄に申立手数料として1件について８００円分の収入印紙を貼ってください。）<br><br>印　紙<br><br>　　　　　　（貼った印紙に押印しないでください。）<br>（注意）登記手数料としての収入印紙を納付する場合は，登記手数料としての収入印紙は貼らずにそのまま提出してください。 |

| 収入印紙 | 円 |
| 予納郵便切手 | 円 |
| 予納収入印紙 | 円 |

| 準口頭 | 関連事件番号　平成　　　年（家　　）第　　　　　　　　号 |
|---|---|

| ○○　　　家庭裁判所<br>　　　　　　御中<br>平成○年○月○日 | 申　立　人<br>（又は法定代理人など）<br>の 記 名 押 印 | 甲　野　一　郎　　㊞ |
|---|---|---|

| 添付書類 | |
|---|---|

| 申<br><br>立<br><br>人 | 本　籍<br>（国　籍） | （戸籍の添付が必要とされていない申立ての場合は，記入する必要はありません。）<br>○○　都道府県　○○市○○町○丁目○番地 |
|---|---|---|
| | 住　所 | 〒 ○○○ － ○○○○　　　　　　電話　○○○（○○○　）○○○○<br>○○県○○市○○町○丁目○番○号<br>　　　　　　　　　　　　　　　　　　　　　　　　（　　　　　　方） |
| | 連絡先 | 〒　　　－<br>　　　　　　　　　　　　　　　　電話　　　（　　　）<br>（注：住所で確実に連絡ができるときは記入しないでください。）<br>　　　　　　　　　　　　　　　　　　　　　　　　（　　　　　　方） |
| | フリガナ<br>氏　名 | コ ウ ノ　　イ チ ロ ウ<br>甲　野　一　郎 | 大正<br>昭和　○ 年 ○ 月 ○ 日生<br>平成　（　　○○　　歳） |
| | 職　業 | 会　社　員 |

| ※<br>遺<br>言<br>者 | 本　籍<br>（国　籍） | （戸籍の添付が必要とされていない申立ての場合は，記入する必要はありません。）<br>○○　都道府県　○○市○○町○丁目○○番地 |
|---|---|---|
| | 最後の<br>住　所 | 〒　　　－　　　　　　　　　　　　電話　　　（　　　）<br>申立人の住所と同じ<br>　　　　　　　　　　　　　　　　　　　　　　　　（　　　　　　方） |
| | 連絡先 | 〒　　　－　　　　　　　　　　　　電話　　　（　　　）<br>　　　　　　　　　　　　　　　　　　　　　　　　（　　　　　　方） |
| | フリガナ<br>氏　名 | コ ウ ノ　　タ ロ ウ<br>甲　野　太　郎 | 大正<br>昭和　○ 年 ○ 月 ○ 日生<br>平成　（　　　　　　歳） |
| | 職　業 | |

（注）　太枠の中だけ記入してください。<br>※の部分は，申立人，法定代理人，成年被後見人となるべき者，不在者，共同相続人，被相続人等の区別を記入してください。

別表第一（1／2）

出典：裁判所ホームページ（本書式は、最高裁判所の承諾を得て転載しています）

## 申 立 て の 趣 旨

遺言者の自筆証書による遺言書の検認を求めます。

## 申 立 て の 理 由

1　申立人は，遺言者から，平成〇年〇月〇日に遺言書を預かり，申立人の自宅金庫に保管していました。

2　遺言者は，平成〇年〇月〇日に死亡しましたので，遺言書（封印されている）の検認を求めます。なお，相続人は別紙の相続人目録のとおりです。

（別紙）

| ※ 相続人 | 本　籍 | 〇〇 都 道 府 ㋴ 〇〇市〇〇町〇丁目〇番地 | |
|---|---|---|---|
| | 住　所 | 〒 〇〇〇 −〇〇〇〇 〇〇県〇〇市〇〇町〇番〇号　〇〇アパート〇〇号室 （　　　　　方） | |
| | フリガナ 氏　名 | コ ウ ノ　　　ジ ロ ウ 甲　野　次　郎 | 大正 昭和 〇 年 〇 月 〇 日 生 平成 （　　〇　　歳） |
| ※ 相続人 | 本　籍 | 〇〇 都 道 府 ㋴ 〇〇郡〇〇町〇〇××番地 | |
| | 住　所 | 〒 〇〇〇 −〇〇〇〇 〇〇県〇〇郡〇〇町〇〇××番地 （　　　　　方） | |
| | フリガナ 氏　名 | オ ツ ノ　　　ハ ナ コ 乙　野　花　子 | 大正 昭和 〇 年 〇 月 〇 日 生 平成 （　　〇　　歳） |
| ※ | | | |

出典：裁判所ホームページ（本書式は、最高裁判所の承諾を得て転載しています）

**参考資料** 検認手続きの内容に関するQ&A

　検認手続きについて、裁判所の作成したQ&Aで確認することとします。

---

**Q1　相続人には、検認手続きが行われることを誰が連絡するのですか。また、相続人の中には高齢で出頭できない人がいるのですが、問題ありませんか。**

**A1**　相続人には、申立後、裁判所から検認期日（検認を行う日）の通知をします。申立人以外の相続人が検認期日に出席するかどうかは、各人の判断に任されており、全員がそろわなくても検認手続きは行われます。

---

**Q2　検認期日には何を持って行けばよいのですか。**

**A2**　申立人は、遺言書、申立人の印鑑、そのほか担当者から指示されたものを持参してください。特に、遺言書は忘れないように、必ず持参してください。

---

**Q3　検認期日には、どのようなことを行うのですか。**

**A3**　申立人から遺言書を提出していただき、出席した相続人などの立会いのもと、封筒を開封し、遺言書を検認します。

---

**Q4　検認が終わった後は、どうすればよいのですか。**

**A4**　遺言の執行をするためには、遺言書に検認済証明書が付いていることが必要ですので、検認済証明書の申請（遺言書1通につき150円分の収入印紙と申立人の印鑑が必要となります）をしてください。

出典：裁判所ホームページ

# 4　法定相続情報証明制度の活用

　遺言書の検索や検認手続き以外にも、被相続人の出生から死亡までの戸籍及び相続人の現在戸籍等が必要になります。例えば、銀行預金口座が複数ある場合、その解約手続き等に必要であるため、それらを使い回すか、数セット用意して対応しなければなりません。

　そのような場合、平成29年5月29日より始まった「**法定相続情報証明制度**」の活用が便利です。この制度は、あらかじめ法務局に戸籍等の必要書類、及び相続関係の一覧図を添付して申し出ることで、相続人関係を法務局に証明してもらう制度です。この証明書があれば、被相続人が亡くなったことの証明や相続人関係図が1枚で証明されるため、各機関での窓口対応時間の短縮につながります（**図表7-6**）。また、相続人を事前に確認することができるため、相続人判定を誤るといった重大なミスも防ぐことが可能になります。

　さらに、法務局に対しては何部でも無料で請求することができ、戸籍等を数セット用意する必要性もありません。税理士が相続人関係図を作成し、代理人として申出書を提出することも可能で、相続税申告の添付書類としても利用することが可能です。

---

**【申出に必要な書類】**

①被相続人の出生から死亡までの戸籍・除籍謄本

②被相続人の住民票の除票（戸籍の附票でも可）

③相続人の戸籍謄本・抄本

④申出人（相続人代表）の氏名等を証する公的書類

　具体的には以下のような書類で、それ以外の書類の場合は登記所に確認をしなければなりません。

　住民票／運転免許証又はマイナンバーカードの写し（必ず原本と相違ない旨を記載し、申出人の記名・押印が必要）

⑤証明書に各相続人の住所を記載する場合（任意選択）は、各相続人の住民票

⑥委任状等（代理人が申出の手続きをする場合）

---

**第7章**

相続開始と相続税

173

### 図表7-6　法定相続情報(見本)

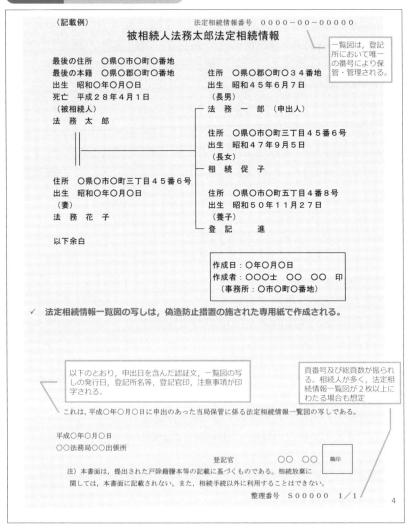

出典：法務省ホームページ「法定相続情報証明制度について」

# 2 遺言書と異なる遺産相続

　遺贈は遺言者の一方的な意思表示のため、受遺者にとっては、他の相続人との関係性等を配慮すると、貰い受けることが望ましい財産と、そうでない財産が含まれている場合も考えられます。

　そのような場合に、遺言内容と異なる遺産相続をすることはよくあることですが、遺言書の記載方式によっては法的効力が異なりますので注意が必要です。

## 1　遺贈の放棄と遺産分割

### （1）相続人以外の者への包括遺贈

　被相続人は、遺言により、相続人に対する法定相続分とは異なる相続分（指定相続分）を定めることができ、この指定相続分は法定相続分に優先して適用されます。

　また、被相続人は、相続人以外の者に対しても、遺産の一定割合を包括して遺贈（包括遺贈）することができます。包括遺贈については、遺言者（被相続人）の財産上の権利義務を包括的に承継することから、相続人が有する相続分と類似するので、民法上、包括受遺者は相続人と同一の権利義務を有する旨規定しています［民法990］。

### （2）包括遺贈の放棄

　受遺者は、遺言者の死亡後いつでも遺贈の放棄をすることができます［民法986］が、この遺贈の放棄は、特定遺贈についての規定と解されていますので包括遺贈には適用されず、包括受遺者が対象財産の取得を望まない場合は、相続放棄の手続きにより放棄を行なわなければなりません［民法990、915］。

　包括受遺者は、自己のために包括遺贈があったことを知ってから3か月以内（熟慮期間）の期間中に、家庭裁判所への申述により放棄の手続きをする必要があります。

第7章　相続開始と相続税

## （3）遺産分割協議

　３か月（熟慮期間）が経過すると適法な放棄を行うことはできず、包括遺贈を承認したものとみなされ、包括受遺者は、民法第990条の規定から、共同相続人と共に遺産分割協議の当事者となります。そして、遺産分割協議では、各相続人の相続分の割合及び各受遺者の包括遺贈の割合を念頭に協議が行われますが、この協議が成立すると、分割した特定財産は、当事者各人に帰属することになります。

　したがって、包括受遺者及び各相続人の全員が、遺産分割協議によって、相続人等が遺産を取得することについて合意すれば、合意したとおりの法的効果が生じることになります。

　なお、この遺産分割協議は相続手続きですから、取得財産の価額の割合が相続分又は包括遺贈割合を基に計算した価額と異なることとなっても、それによって、分割協議当事者間で新たな贈与が生じるわけではありませんので、贈与税が課されることはありません。

<br>

**2** 　　　　　　　　　　　　**遺贈の一部放棄**

## （1）放棄の効力と手続き

　特定遺贈の場合は、遺贈の一部についての放棄が可能ですが、包括遺贈の場合は相続放棄の手続きを取る必要があるため、すべての遺贈を受けるか放棄をするかの選択となります。

　また、特定遺贈の場合でも、その文言が「相続させる」のときは注意が必要です。通常、相続人に対して遺贈する際には「相続させる」を用いることが一般的ですが、「相続させる」遺言は口頭での放棄を認めないと考えられており、放棄の際には相続放棄の手続きを取らなければなりません。つまり、受遺者の意思表示のみでは一部放棄をすることができず、受遺者が望ましい財産のみを取得して、残りは放棄するといったことはできません。

　平成32年（2020年）４月１日から施行される配偶者居住権に関しては、相続させる旨の遺言であったとしても、配偶者居住権に関する部分は遺贈の趣旨であると解されるようですが、原則として「遺贈する」と書くようにしておくことでよいと考えられます。

## （2）放棄の撤回

遺贈の一部放棄がされた財産については、その財産のみ相続人による遺産分割協議の対象となります。また、相続人が遺贈の放棄をしても相続人としての地位は残りますが、放棄後の協議次第では思いどおりの財産を再度取得できるとは限りません。

一度行った遺贈の放棄は、原則として撤回することができないため慎重な判断が必要です。

## （3）相続税の申告への影響

特定遺贈の受遺者が遺贈の承認をするのか否かがはっきりしない場合でも、相続税の申告期限は到来します（**図表7-7**）。そして、実際に遺贈の放棄があった場合には、そのタイミングによって申告方法や申告期限が異なることに注意しておかなければなりません。

**図表 7-7 相続税の申告期限と遺贈の放棄の期限**

| 相続税の申告期限 | 相続の開始を知った日の翌日から10か月以内 |
|---|---|
| 遺贈の放棄の期限 | 特定遺贈の受遺者はいつでも遺贈の放棄をすることができ、期限はありません。※ |

※相続人等は受遺者に対し、相当の期間を定めて、その期間内に遺贈の承認又は放棄をすべき旨の催告をすることができます。この場合において、受遺者がその期間内に返答をしないときは、遺贈を承認したものとみなされます [民法987]。

### ①相続税の申告期限内に遺贈の放棄がなかった場合

受遺者は相続の開始を知った日の翌日から10か月以内に相続税の申告をしなければなりません。一方で、未分割遺産もなく、一切の財産を取得しない相続人がいる場合には、その相続人に相続税の申告義務はありません。

### ②相続税の申告期限内に遺贈の放棄があった場合

受遺者の一部放棄により新たに財産を取得することとなった相続人がいる場合、自己のために相続の開始を知った日の翌日から10か月以内が相続税の申告期限となります。そのため、受遺者の遺贈の放棄の意思表示は書面に残しておくことが理想的です。

ただし、遺言書に記載漏れの財産がある場合には注意が必要です。遺言書に記載漏れの財産は遺産分割協議の対象財産となります。遺産の一部でも自己のために相続財産が存在することを認識できていた場合には、その相続人の相続開始を知った日は、被相続人の死亡日となることが考えられます。

### ③相続税の申告期限後に遺贈の放棄があった場合
　１）受遺者について
　　受遺者の遺贈の放棄により相続税の当初申告に係る相続税額が過大となったときは、相続税法第32条（更正の請求の特則）により、受遺者は遺贈の放棄の日の翌日から４か月以内に限り、更正の請求をすることができます。

　２）遺産分割協議で新たに財産を取得することとなった相続人
　　遺贈の放棄があったことにより、遺産分割協議を経て財産を取得し、新たに申告書を提出すべき要件に該当することとなった相続人がいる場合、相続税法第30条（期限後申告の特則）により、その相続人は期限後申告書を提出することができます。
　　相続税では、他の国税ではないような後発的事由（未分割遺産の分割や、遺留分の請求、遺贈の放棄等）が生じることがあるため、相続税法において期限後申告、修正申告、更正の請求の特則規定を定めており、これらの規定に基づく期限後申告や修正申告については国税通則法に基づくものとは異なり、加算税・延滞税の問題は生じません。
　　なお、相続税法の期限後申告の特則は「申告できる」規定のため、申告期限がありません。しかし、上記１）の更正の請求があった場合においては、税務署長は、相続税法第35条（更正及び決定の特則）により、その請求があった日から１年以内であれば、その新たな納税義務者に決定処分を付すことが可能であるため、結果的に期限後申告が必要となるケースが多いものと考えられます。

3）遺産分割協議で取得財産が増加した相続人

　上記2）と同様、遺贈の放棄があったことにより、遺産分割協議を経て財産を取得し、その相続人の相続税の課税価格に増額があった場合には、相続税法第31条（修正申告の特則）により、その相続人は修正申告書を提出することができます。

【設例】
1．被相続人：甲（平成31年4月1日相続開始）
2．相 続 人：甥A、甥B
3．相続財産：土地1億円、現金1億円
4．遺贈内容：土地1億円及び現金のうち5,000万円を知人Cへ遺贈する。現金のうち5,000万円を甥Aに相続させる。

【相続人関係図と時系列】

○平成31年12月1日…A及びBがCに対し3か月以内に遺贈の承認又は放棄すべき旨の催告をした。
○平成32年2月1日…相続税申告期限
○平成32年2月29日…Cより土地について遺贈を放棄する旨の意思表示があった。
○平成32年4月1日…A及びBの遺産分割協議により、土地をそれぞれ持分2分の1ずつ相続することとした。

(1) 知人Cの申告
①**相続税の申告期限**（平成32年2月1日）
　相続税の申告期限内において遺贈の放棄の意思表示をしていないため、知人Cの取得する財産は1億5,000万円として相続税の課税価格を計算します。

②遺贈の放棄の影響

　知人Cの相続税の課税価格が１億5,000万円から5,000万円に減額したため、平成32年３月１日から４か月以内に更正の請求をすることができます。


### （２）甥Aの申告
#### ①相続税の申告期限（平成32年２月１日）

　甥Aの取得した財産を現金5,000万円として相続税の課税価格を計算します。

#### ②遺贈の放棄の影響

　甥Aに係る相続税の課税価格が5,000万円から土地の持分２分の１（5,000万円）を加えた１億円となったため、修正申告書を提出することができます。

　この修正申告は「提出することができる」規定ですが、知人Cが自身の相続税について更正の請求を行った場合、甥Aは何もしなければ税務署より更正処分がされてしまうため、修正申告書は提出すべきといえます。


### （３）甥Bの申告
#### ①相続税の申告期限（平成32年２月１日）

　相続税の申告期限において甥Bは何ら財産を取得していないため、この時点で相続税の申告義務はありません。

#### ②遺贈の放棄の影響

　甥Bが新たに土地の持分２分の１（5,000万円）を取得することとなったため、期限後申告書を提出することができます。

　この期限後申告は「提出することができる」規定ですが、知人Cが自身の相続税について更正の請求を行った場合、甥Bは何もしなければ税務署より決定処分がされてしまうため、期限後申告書は提出すべきといえます。

| | |
|---|---|
| **3** | **相続の放棄** |

## （1）保証債務の有無の確認

　遺贈の放棄をしたからといって債務や連帯保証債務の相続を放棄したことにはなりません。例えば、銀行融資等については相続人の一人が「免責的債務引受契約」を締結し、他の相続人の返済義務は免責されることがありますが、連帯保証債務までは同様の手続きが行われない場合もあります。

　そうすると、思わぬときに代位弁済請求を受ける可能性がありますので、保証債務の有無について確認を行い、場合によっては相続放棄をすることも検討する必要があります。

　しかし、相続放棄の期限が相続開始を知ってから原則として3か月以内という短い期間を考慮すると、実際に相続が開始してから調べ始めたのでは厳しいものがあります。知らずに遺産の換金処分等をしたことにより単純承認したものとみなされ、後々悲惨な目に遭わないためにも、被相続人の生前中に確認を行っておくことが理想的です。

## （2）相続税への影響

　包括遺贈や「相続させる」遺言について相続放棄をする場合には、相続税への影響についても念頭に入れておかなければなりません。

　たとえ相続放棄をしたとしても、生命保険金等を受け取ったり、相続時精算課税適用者であったりすること等により、相続税の納税義務者となる場合があります。

### ①相続税の計算に影響がないもの

　相続放棄をしたからといって、相続税の計算に影響がない規定もあります。次に掲げる規定は相続税法上における「法定相続人」により、相続放棄がなかったものとした場合の相続人で計算が行われます。

　1）基礎控除

　2）相続税の総額計算

181

３）生命保険金の相続税の非課税限度額

４）退職手当金等の相続税の非課税限度額

５）障害者控除

６）未成年者控除

## ②生命保険金の相続税の非課税

　生命保険金は民法上の相続財産ではなく、受取人固有の財産であるため、相続放棄をした人でも受け取ることが可能ですが、その場合でも相続税法上は「みなし相続財産」として扱われ、相続税の課税対象となります。

　ただし、生命保険金の相続税の非課税規定については相続人に限り適用を受けることができますので、相続放棄を行った場合にはこの適用を受けることができません。

---

**【設例】**

１．被相続人：父

２．法定相続人：長男A（相続放棄）・二男B

３．生命保険金：長男Aに800万円、二男Bに1,200万円

　①非課税限度額

　　500万円×法定相続人の数２人※＝1,000万円

　　※非課税限度額の計算は相続放棄がなかったものとした「法定相続人の数」で計算が行われます。

　②課税価格に算入される生命保険金額

　　長男A　800万円（非課税の適用なし）

　　二男B　1,200万円－1,000万円（上記①）＝200万円※

　　※つまり、非課税限度額の総額については放棄の影響はありませんが、税効果の恩恵を受けるのは相続放棄をしていない「相続人」のみになります。

---

## ③退職手当金等の相続税の非課税

　退職手当金等の相続税の非課税規定についても同様に、非課税限度額は「法定相続人の数」により計算が行われますが、相続放棄を行った場合には適用を受けることができません。

### ④債務控除

相続又は遺贈により財産を取得した者が被相続人の支払うべき債務や葬式費用を負担した場合、原則としてその取得した財産から負担額を控除して相続税の課税価格を計算することができますが、この債務控除は相続人又は包括受遺者に限って認められているため、相続放棄をした者には適用がありません。

そのため、債務を誰が負担するかによって債務控除の適用可否に影響があります。ただし、葬式費用については、相続放棄をしていても現実に負担していた場合には債務控除が可能です。

また、通常は債務に支払期限があるため、いったんは相続人のうちの一人が立て替えることもありますが、後々において精算し、最終的な負担者を決定する方法でも問題ありません。


### ⑤相次相続控除

短期間に相続が連続した場合、相続税の負担が重くなってしまうため、その相続の開始前10年以内に開始した相続により被相続人が相続税を負担しているときは、相続税の計算上、相次相続控除が可能です。ただし、この規定は、相続人が相続放棄をした場合には適用を受けることができません。


### ⑥相続税額の２割加算

相続又は遺贈により財産を取得した者及び相続時精算課税適用者が被相続人の一親等の血族（代襲相続人となった直系卑属を含む）及び配偶者以外の者である場合、その者に係る相続税額には２割加算がされます。

そのため、代襲相続人となった孫は相続税の２割加算の対象にはなりませんが、相続放棄を行った孫については代襲相続人ではないため２割加算の対象となります。

第7章 相続開始と相続税

# 3 遺留分侵害額の請求

## 1 申告手続き

　遺留分侵害額の請求は、相続開始及び遺留分を侵害する遺贈等のあったことを知った時から1年、又は相続開始の時から10年を経過したときはすることができないとされていますので、それまでの間に相手方に意思表示が必要です。

　一般的には、期限内に意思表示はあるものの、相続税又は贈与税の申告期限内に遺留分侵害に係る具体的な金額が確定することはほとんどないため、申告期限後の手続きで対応することが多くなると考えられます。

---

【設例】
1．被相続人：甲（平成31年7月1日相続開始）
2．相　続　人：後妻A、先妻の子B
3．相続財産：現金2億円
4．遺贈内容：すべての財産を後妻Bへ相続させる。

【相続人関係図と時系列】

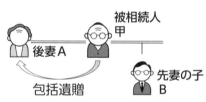

○平成31年12月1日…BよりAに対し、内容証明郵便にて遺留分侵害額の請求を行った。
○平成32年3月2日…BはAに対し、調停を申し立てた。
○平成32年5月1日…相続税申告期限
○平成32年9月1日…調停が成立し、AはBに対して遺留分侵害額として5,000万円を支払った。

## （1）遺留分侵害額の請求を受けた後妻Aの対応
### ①相続税の申告期限（平成32年5月1日）
　相続税の申告期限内において遺留分侵害額の請求権の行使はあったものの、返還すべき金額が具体的に確定していません。そのため、相続税の申告期限においては遺留分侵害額の請求がなかったものとして申告を行います。
### ②調停の成立後（平成32年9月1日）
　Aの取得した財産に係る相続税の課税価格は当初の2億円から5,000万円を控除して計算を行うことができるため、相続税法第32条（更正の請求の特則）により、調停が成立した日の翌日から4か月以内に更正の請求をすることができます。

## （2）遺留分侵害額の請求をした先妻の子Bの対応
### ①相続税の申告期限（平成32年5月1日）
　Bは甲の遺贈により何ら財産を取得していないため、この時点において相続税の申告義務はありません。
### ②調停の成立後（平成32年9月1日）
　Bの相続税の課税価格を5,000万円として計算することとなります。そのため、Bは相続税法第30条（期限後申告の特則）により、期限後申告書を提出することができます。この期限後申告は「提出することができる」規定ですが、Aが自身の相続税について更正の請求を行った場合、Bは何もしなければ税務署より決定処分がされてしまうため、期限後申告書は提出すべきといえます。

## 2　遺留分と相続税の課税対象の違い

　遺留分算定の基礎財産と相続税の課税価格の計算対象は異なります。例えば、生命保険金は相続税法上のみなし相続財産ですが、原則として遺留分の対象ではありません。また、遺留分の算定において相続人に対する贈与は相続開始前10年以内のものに限ると改正されましたが、相続時精算課税制度を活用した贈与については、その贈与の時期に関わらず、すべて相続税の課税価格に算入されます。

　これらのような違いのため、相続税の納税義務者間で共同して相続税の申告をすることについて互いに協力関係を築くことができない場合、特に上記設例の後妻Aのような立場では、相続税申告額を正確に算出することは困難なことが予想されます。

## 3　配偶者に税負担がない場合の問題点

　仮に、上記設例で、遺産総額が1億6,000万円であったとします。その場合、相続税の当初申告時から後妻Aには配偶者に対する相続税額の軽減により税負担がないため、遺留分侵害額の請求があってもAが更正の請求をしない又は期限が過ぎてできない等の可能性が考えられます。そのような場合で、先妻の子Bが自主的に期限後申告をする必要性はあるのでしょうか。

　Bは遺留分侵害額の請求により取得した金額については「期限後申告できる」規定のため、申告しなければならない義務がありません。当初申告時点ですべての財産が相続税の課税価格に算入されているため、Aが更正の請求をしない限り、相続税の課税価格の合計額に不足が生じないことになり、Bは遺留分に相当する金銭を無税で取得することになってしまう可能性があります。

# 4 特別寄与料の請求

## 1 相続税の申告への影響

　平成31年度（2019年度）税制改正により、特別寄与料の請求に係る課税関係は、遺留分侵害額の請求と同様に相続税の課税対象とすることとされました。そのため、特別寄与者に対する相続税は、相続税額の2割加算の対象になることが考えられます。

　また、請求期限は相続の開始及び相続人を知った時から6か月以内、又は相続開始の時から1年以内とされていますが、相続税の申告期限内に特別寄与料の具体的金額が確定しない場合は、前節と同様、特別寄与料の請求がなかったものとして相続税申告を行い、具体的金額の確定後、相続税法の特則による更正の請求、期限後申告、修正申告で対応することになります。

## 2 特別寄与料の算定について

　特別寄与料の運用は今後の動向を見なければ分かりませんが、類似する寄与分［民法904の2］について誤解が多いのは、被相続人の療養看護です。例えば、子の一人が被相続人の生前中に療養看護し、心身ともに負担があったとしても、親子には互いに扶養義務があるため、通常の看護の範疇では特別の寄与があったとはいえません。その療養看護等によって本来支払うべき費用の支出が免れた場合は、その部分について被相続人の財産形成に貢献したということで、寄与分が認められる可能性があります。

　特別寄与料については、既存の寄与分とは異なる判断基準になる可能性はありますが、多少緩やかになったとしても、多額の権利までは望めないかもしれません。

第7章　相続開始と相続税

## 【設例】

1．被 相 続 人：父（平成32年4月死亡）
2．相 続 人：長男、長女
3．特別寄与者：長男の妻（被相続人から平成30年及び31年にそれぞれ500万円の贈与（贈与税53万円）を受けている）
4．相続財産と特別寄与料
　　　　　　　　その他の財産4億円（うち、特別寄与料800万円）
5．遺 産 分 割：特別寄与料を控除した残額を法定相続分どおり相続する
6．相続税の計算

(単位：万円)

| | 長男 | 長女 | 長男の妻 |
|---|---|---|---|
| その他の財産 | 19,600 | 19,600 | 800 |
| 生前贈与加算 | － | － | 1,000 |
| 課税価格 | 19,600 | 19,600 | 1,800 |
| 相続税の総額 | 11,320 | | |
| 各人の算出税額 | 5,412 | 5,412 | 496 |
| 相続税額の二割加算 | － | － | 99 |
| 贈与税額控除 | － | － | △106 |
| 納付税額 | 5,412 | 5,412 | 489 |
| 合計税額 | 11,313 | | |

　この場合、特別寄与料を受け取った長男の妻は相続税額の二割加算の対象者であり、さらに被相続人から生前贈与を受けていたことから、相続又は遺贈によって財産を取得した者に該当し、その贈与財産は相続開始前3年以内の贈与であることから、生前贈与加算として相続財産に加算されます。その結果、特別寄与料800万円を受け取っても税引き後は311万円しか残らないことになります。

　この特別寄与料を受けた者は、修正申告をしなければならない [**相法31②**] と規定し、支払った者は、更正の請求をすることができる [**相法32①**] としています。

　なお、遺留分侵害額の請求に基づき支払いを受けた者は、修正申告をすることができる [**相法31①**] としている点が異なることに留意しておかなければなりません。

　また、遺留分侵害額を支払った相続人等が更正の請求をしたことにより、税務署長が更正をした場合で、遺留分侵害額を受け取った相続人が修正申告をしなかったときには、税務署長は更正又は決定をする [**相法35③**] としています。

# 5 相続発生後の相続税の軽減

## 1 遺産分割協議の余地がある場合

　遺言書が遺されているものの、相続人全員の同意を得て遺言書と異なる遺産分割協議をする余地がある場合、下記のような項目に配慮することが理想的です。

### （1）今回の相続税の軽減を配慮した遺産分割

　例えば、配偶者が若くて健康な場合等は、二次相続のことよりも今回の相続税の軽減や、配偶者の生活資金を優先的に考える必要があります。そのような場合には、配偶者が多くの財産を取得し、配偶者に対する税額軽減を最大限活用すること等により、今回の相続税の負担軽減を検討します。

### （2）相続税の納税資金に配慮した遺産分割

　遺言書どおりの配分によると納税資金が不足する相続人がいる場合や、延納や物納をしたくても金銭納付困難事由に該当しない場合があります。そのような場合には、遺産の配分を調整することで、相続人全員が円滑に納税可能とすることを検討します。

### （3）相続後の所得税の軽減を配慮した遺産分割

　例えば、相続後に空き家となってしまう被相続人の生前中の自宅について、売却することを検討しており、売却資金を相続人間で分配する予定があるとします。なお、売却予想価格が高額で、取得費を考慮に入れても譲渡税が高負担になるとします。

　そのような場合には、相続人の一人が相続し、売却して他の相続人に代償金を支払うよりも、あえて共有で相続し、「相続空き家の特例」による控除額を人数分活用する等といったことを検討します。

## （４）二次相続税に配慮した遺産分割

　配偶者に対する相続税額の軽減により、今回の相続税の負担を抑えられた場合でも、一次・二次の通算相続税を試算すると、かえって負担が大きくなる場合があります。そのような場合には、配偶者の二次相続までの対策意向等を踏まえ、通算相続税のシミュレーションを行い、配偶者に対する遺産の配分バランスを検討します。

　ただし、遺言執行者が指定されている場合には注意が必要です。相続人全員の合意があれば遺言書と異なる遺産分割は可能ですが、遺言執行者にも相続財産の管理処分についての権限があり、遺言書の内容どおりに執行する義務があります。遺言執行者としては、職務権限に反する行為は好ましくないため、相続開始後に素早く遺言内容を執行してしまうことが一般的です。

## 2　遺言書どおりの相続であっても可能な相続税申告の工夫

　相続発生後に遺言書が発見され、遺言書の内容どおりに相続が進む場合でも、相続税の申告に向けての検討事項があります。

### （１）小規模宅地等の特例対象宅地が複数ある場合

　小規模宅地等の特例は、**図表7-8**のように被相続人の利用状況等によって適用される限度面積及び減額割合が異なります。

図表 7-8　**小規模宅地等に該当した場合の減額割合**

| 小規模宅地等 | 適用面積 | 減額割合 |
|---|---|---|
| 特定事業用等宅地等 | 400㎡まで | 80％減額 |
| 特定同族会社事業用宅地等 | 400㎡まで | 80％減額 |
| 特定居住用宅地等 | 330㎡まで | 80％減額 |
| 貸付事業用宅地等 | 200㎡まで | 50％減額 |

注）特定事業用等宅地等と特定居住用宅地等は併用して適用を受けることができますが、貸付事業用宅地等を選択する場合には、他の小規模宅地等との適用面積の調整が必要です。

特例の適用を受けることができる宅地等が複数ある場合、どの宅地等で適用を受けるかについては任意選択ですが、特例の対象地を取得した相続人全員の合意がなければ、その選択ができません。

つまり、遺言書の存在により遺産分割協議が必要でない場合でも、どの宅地等で小規模宅地等の特例の適用を受けるかについては協議をしなければなりません。限度面積や減額割合が最も大きい宅地等を選択したとしても、取得者別の税負担に有利不利が生じますので、相続税の申告上はお互いに協力姿勢が必要になります。

なお、相続税の申告において、合意の旨は、申告書「第11・11の2表の付表1」（図表7-9）に特例対象宅地等を取得したすべての者の名前を記載することによって表します。

図表 7-9　相続税申告書第11・11の２表の付表１抜粋

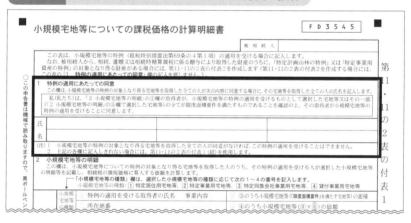

### （２）配偶者がいる場合の小規模宅地等の特例選択

配偶者には、そもそも配偶者に対する相続税額の軽減規定があるため、配偶者が取得した宅地等から優先して小規模宅地等の特例を選択しなくとも、相続税の負担は比較的抑えられています。

二次相続を踏まえた場合、子が取得した宅地等から優先して選択をする方が、一次・二次を通算した相続税額が抑えられることにつながります。

## （3）債務が大きい場合

　相続税の課税価格の合計額は、相続又は遺贈により財産を取得した個人ごとに相続税の課税価格を計算し、合計します。つまり、その個人のうち、取得した積極財産を上回る債務を承継した者がいる場合、その債務超過の金額は他の者の取得財産から控除することができず、切り捨てられてしまいます。

　相続税対策としてせっかく建築したアパート・マンションも、債務が切り捨てられると、その効果が薄れてしまいます。このような場合には、やはり遺言書と異なる遺産分割を再検討する必要性が生じます。

## （4）社葬と個人葬の税効果の違い

　同族会社の主宰者に相続が発生した場合、税効果を意識して社葬を選択したくなる経営者の方は多いかもしれませんが、税効果のみを考えた場合にはどちらが有利とは一概にはいえません。

　葬式費用は、個人で負担すべきものと法人で負担すべきものは明確に区分けした上で、税務上の取扱いが異なります。

### ①社葬の場合

　法人税法上、社葬として認められる金額は法人の損金に算入されます。また、自社株評価における純資産価額の計算において、社葬として「通常要する金額」として認められる金額は「未払金」として負債計上を行うことができます。

　ただし、密葬費用など明らかに個人の遺族が負担すべき金額は負債計上が認められません。

### ②個人葬の場合

　相続税法上、個人葬に係る費用は債務控除の対象となります。ただし、法要に係るものは控除対象になりません。

　単純に相続税の課税価格を減少させるものとしては、株価評価における純資産価額の計算上で負債になるよりも、直接的な効果があります。

## （5）死亡退職金の支給を検討

　同族会社の役員等に相続が発生した場合、死亡退職金の支給を検討する必要があります。ただし、会社の規模等により、税効果やその効果が表れる時期が異なりますので、法人の決算状況等も含めた総合的な判断が必要になります。

### ①受け取った相続人

　受け取った相続人には退職手当金等の相続税の非課税規定がありますが、それを超える額については相続税の課税価格に算入されます。法人税の軽減を目的として支給の是非を検討する場合、法人税率と相続税率の違いに注意をしなければなりません。

### ②自社株評価への影響（大会社の場合）

　会社規模により大会社と判定される法人の自社株評価は、原則として類似業種比準価額で行われます。類似業種比準価額の計算要素は直前期末を基準として計算がされるため、相続開始後に支給が確定する死亡退職金は評価に影響を与えません。

　ただし、大会社の場合でも純資産価額の方が類似業種比準価額よりも低い場合には、純資産価額を採用することで、死亡退職金を負債として計上し、株価を引き下げることは可能です。

　また、死亡退職金の支給が、大会社であることにより相続税申告上の自社株評価に影響がなかった場合でも、翌期は類似業種比準価額が下がることが予想されます。配偶者に対する相続税額の軽減を活用し、下落後の株価で二次相続対策に活かす方法を検討します。

### ③自社株評価への影響（中会社・小会社の場合）

　会社規模の判定が中会社（その中でも大・中・小区分）又は小会社と判定された会社の株価評価においては、それぞれ割合は異なるものの、純資産価額がその計算要素の中に含まれます。

　そのため、死亡退職金は純資産価額の計算上、債務として計上され、株価が下がることにつながります。ただし、弔慰金については純資産価額の計算において負債計上が認められていません。

④弔慰金との区別の検討

　退職金規定等で「弔慰金」として支給可能な金額がある場合、退職金とは区別して支給することを検討すべきです。

　弔慰金の支給について、受け取った個人においては、業務上の死亡の場合は普通給与の３年分まで、業務外の死亡のときは６か月分について相続税は課税されず、これらの金額を超える部分についてのみ「死亡退職金」の計算に含まれます。死亡退職金に含まれると、そこから退職手当金等の相続税の非課税の適用があります。

　ただし、上記③にあるとおり、弔慰金は自社株評価時の純資産価額の計算において負債計上することが認められていません。

⑤死亡退職金の受取人を誰にするか検討する。

　死亡退職金は相続税法上の「みなし相続財産」であるため相続税は課税されますが、民法上の遺産分割対象財産ではないことから、死亡退職金の受取人が誰になるかは、まず退職金規定に基づいて支給されることとなります。

　しかし、支給する法人にそもそも退職金規定がないか、あっても順位が決まっていない等で具体的な受取人が定かでない場合もあります。そのような場合には相続人全員の協議で受給者を定めることも可能ですので、非課税枠や納税資金、二次相続対策を踏まえ、受取人を検討する必要があります。また、事前に退職金規定も整備をしておくことが大切です。

## （6）相続税のあん分割合の調整

　相続税の計算構造は、まず相続税の総額を計算し、各人が取得した遺産の割合（あん分割合）に応じて、各人が負担する相続税額を割り振っていく形です。

各相続人の算出相続税額

$$= \frac{相続税}{の総額} \times \frac{その相続人の相続税の課税価格}{相続税の課税価格の合計額} \quad （あん分割合）$$

このあん分割合については、小数点以下2位未満の調整が可能です。そのため、相続人全員の合意が得られる場合、次のような調整を検討することが理想的です。

①相続税額の2割加算対象者がいる場合、その者については小数点2位未満のあん分割合を切り捨て、他の者に割合を振ることで、2割加算額が減少します。

②配偶者のあん分割合を切り上げ、相続税の負担額を増やすことで、二次相続に向けて少しでも配偶者の財産を減らします※。また、その負担額は、配偶者が被相続人と同世代であることを考慮すると、相次相続控除の対象になる可能性があります。

　※配偶者に対する相続税額の軽減規定は、あん分割合調整前の金額が対象となるため、配偶者に対する税額軽減の範囲内の取得財産であったとしても、配偶者には税負担が生じます。

③未成年者控除及び障害者控除について控除しきれない金額がある場合、控除対象者のあん分割合を切り上げることで、税額控除額が大きくなります。


## （7）配偶者が農業相続人である場合、農地等の納税猶予を検討する

　配偶者に対する相続税額の軽減規定を活用する上で、配偶者が農業相続人である場合、農地等の納税猶予を受けるか否かについて検討する必要があります。

　なぜなら、配偶者が農業相続人である場合、税額軽減額を計算する上での特例農地等の課税価格は通常の評価額によって計算がされますが、配偶者が農業相続人でない場合や、配偶者が納税猶予を選択しない場合（他の相続人のみが納税猶予を受ける場合）においては、特例農地等の課税価格は「農業投資価格※」によって計算が行われるため、税額軽減額が少なくなってしまいます。

　※農業投資価格とは、農地が恒久的に農業用として利用される前提での取引価格で、国税局長が定めた金額です。将来宅地化した場合に得られるであろう利益が除かれますので、評価額が小さくなります（**図表7-10**）。

| 図表 7-10 | 農業投資価格（平成30年分 大阪府の例） |
| --- | --- |

租税特別措置法第 70 条の 6 第 5 項に規定する農地等についての相続税の納税猶予額算定の基礎となる農業投資価格は、次表のとおりです。

（10 アール当たり）

| 地目 都道府県名 | 田 | 畑 |
| --- | --- | --- |
| 大阪府 | 千円 820 | 千円 570 |

出典：国税庁ホームページ「財産評価基準書 路線価図・評価倍率表」

## 3　遺言書が無効である主張がある場合

### （1）相続税申告期限までに遺産分割協議が調わない場合のデメリット

　せっかく作成された遺言書に不備があり、遺言書の有効性について相続人間で争われるケースがあります。相続税の申告期限においてもまだ主張が食い違う場合、少なくとも無効を主張する相続人は遺産未分割を前提とした相続税の申告書を提出することが考えられ、場合によっては相続人間で異なる内容の申告書が提出されることは実務ではよくあることです。

　遺言書の有効性の判断は、当事者の主観的な意識が入る場合もありますが、課税庁においてもその審理をすることは困難ですので、司法の判断を待つことになると考えられます。

　このような場合は、依頼者に十分説明の上、その有効性について依頼者あるいは弁護士に判断してもらい、申告上の対応を決める必要があります。ただし、遺産未分割による相続税の申告においては、次の規定の適用が受けられないため、相続税の負担は重いものになってしまいます。

①配偶者に対する相続税額の軽減

②小規模宅地等の特例

③物納

④農地等の相続税の納税猶予

⑤非上場株式等についての相続税の納税猶予

## （2）相続税の納税に向けた対応

　相続が発生し、金融機関がその事実を知ると、口座は凍結され、自由な引出しが難しくなります。また、実務的には、預金の払戻しは相続人全員の署名と実印が必要なため、遺産争いとなってしまうと相続税の納税が困難になる可能性があります。

　そこで、今回の民法改正により、預金の仮払い制度が創設され、平成31年（2019年）7月1日に施行されました。その中で、相続人は遺産に属する預貯金債権のうち、口座ごとに以下の計算式で求められた金額（同一の金融機関につき150万円を限度）までについては、他の相続人の同意がなくても単独で払戻しが可能になりましたので、遺産争いがあった場合の相続税の納税に活用されることが予想されます（第4章参照）。

【計算式】

相続開始時の
預貯金債権の額
× 1/3 × 当該払戻しを求める
相続人の法定相続分

第7章　相続開始と相続税

197

資料1　「遺贈に関する意識調査」日本財団調べ（一部抜粋）
資料2　65歳以上の一人暮らしの者の動向
資料3　世帯属性別にみた貯蓄・負債の状況
資料4　遺言公正証書作成件数
資料5　家事審判・調停事件の事件別新受件数－全家庭裁判所（一部抜粋）

## 資料1 「遺贈に関する意識調査」日本財団調べ（一部抜粋）

【遺言書の準備状況】
■60歳以上の遺言書準備状況は20人に1人。無関心層が7割を占める。
■遺言書を作成しない理由は、「遺言書を書く程の財産がないから」の他、「遺された遺族がうまくやってくれるだろう」と、遺族任せの意識も強い。

60歳以上に遺言書状況を聞いたところ、既に遺言書を作成した人は20人に1人。また、現在未作成だが内容検討中や関心を持っている人は22％と5人に1人。7割以上が遺言書を未作成の上関心も持っていない。

◆遺言書の作成状況について（単一回答）
　集計ベース　60歳以上男女

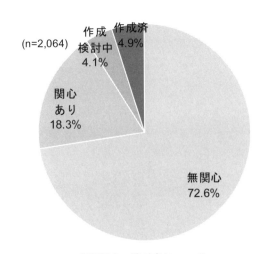

※無関心＝遺言書について
「考えたことはあるが、また必要性は感じていない」
＋まだ考えたことがない

出典：日本財団「遺贈に関する意識調査」2017年

遺言書未作成者に、作成していない理由を聞いたところ、主な理由は「遺言を書くほどの財産を持っていない」「自分にはまだ早い」から。但し、「法定相続率で分けてもらえれば良いと思っている」「家族がうまく分配してくれるだろう」と考える人も多く、遺族任せで問題がないと考える人が多い。

◆遺言書を作成していない理由（複数回答）
　集計ベース　60歳以上男女　遺言書未作成者

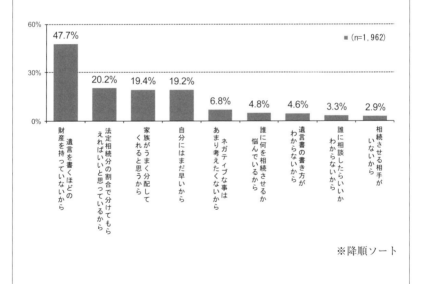

出典：日本財団「遺贈に関する意識調査」2017年

【相続トラブルに対する意識】
■60歳以上の相続経験者の2割がトラブルを経験。「兄弟姉妹とのトラブル」がトップ。
■自身に万が一のことがあっても、相続トラブルはないだろうと考える人が8割。
■親以上に、子世代は兄弟間のトラブル発生を懸念している。

　60歳以上の財産相続経験者に、相続の際トラブルを経験したことがあるかどうかを聞いたところ、相続経験者の2割がトラブルを経験。もっとも多いトラブルは「兄弟姉妹とのトラブル」で4割を占める。

◆左：相続トラブルの経験（単一回答）
　右：トラブルの内容（複数回答）
　集計ベース　左：60歳以上男女　財産相続経験者
　　　　　　　右：相続トラブル経験者

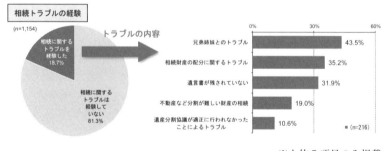

出典：日本財団「遺贈に関する意識調査」2017年

回答者自身に万が一のことがあった場合、どのような相続トラブルが懸念されるかを聞いたところ、「トラブルが起きる心配はない」と答えた人が8割。懸念されるトラブルの上位は「不動産等の分割困難財産」がトップ。兄弟姉妹のトラブルは2位。

　一方で子世代（59歳以下）からすると、親に万が一の事があった場合に「兄弟姉妹間のトラブル」が起こることへの懸念はトップであり、スコアも親世代（60歳以上）の2倍以上。親世代が思っている以上に、子世代のトラブル懸念が強い結果となった。

◆左：自身に万が一のことがあった場合。どのような相続トラブルの懸念があるか（複数回答）
　右：親に万が一のことがあった場合、どのような相続トラブルの懸念があるか（複数回答）
集計ベース　60歳以上男女　左：59歳以下男女　親がいる人

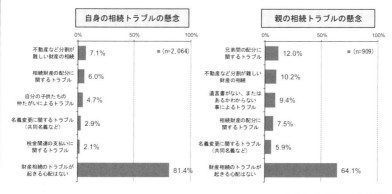

出典：日本財団「遺贈に関する意識調査」2017年

【財産相続について、親子間の話し合いの状況】
■親世代も子世代も3割が「話し合いたいが話し合えていない」。
■子世代特有の話し合い阻害要因は「縁起が悪いから」「生きている間の関係への配慮」。
話し合いのきっかけ作りには親側のリードが必要である。

財産の相続に関する家族との話し合い状況について、親世代（60歳以上）と子世代（59歳以下）に聞いたところ、どちらも3人に1人が「話し合いたいが話し合えていない」状況にある。

◆上：自身の財産の相続について、子供たちとの話し合い状況
　下：親の財産について、親との話し合い状況（いずれも単一回答）
　集計ベース　上：60歳以上男女　子供がいる人
　　　　　　　下：20歳〜59歳男女　親がいる人

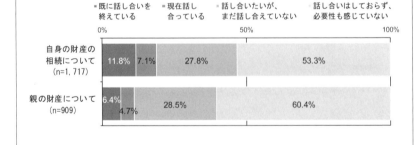

出典：日本財団「遺贈に関する意識調査」2017年

続けて、話し合いが出来ていない理由を聞いたところ、親世代（60歳以上）は「話し合うほどの財産がないから」が突出して高い。一方子世代（59歳以下）では親世代よりも「縁起が悪いから」「生きている間の関係がおかしくなりそう」といった懸念が阻害要因となっている。

◆左：財産相続について家族と話し合っていない理由
　右：財産相続について親と話し合っていない理由（複数回答）
　集計ベース　財産の相続について、話し合いたいが話し合えていない人（60歳以上、59歳以下ともに）
※赤字内のスコアは親世代と子世代の差分

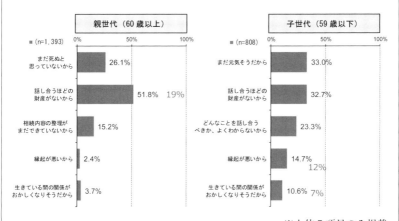

※上位５項目のみ掲載

出典：日本財団「遺贈に関する意識調査」2017年

【相続に対する関心】
■子世代は親世代よりも、相続について話し合いたい内容が多い。
■子世代の7割は、親が財産を多く遺すことを望んでいない。

　話し合いたいが話合えていない人に、どのような事を親/子と話し合いたいかを聞いたところ、親世代（60歳以上）は「相続財産の量」「誰が何を相続するか」への関心が高い一方、子供はその他に「相続財産の管理」「相続税」「生前贈与」など幅広い。子世代（59歳以下）の方がより多くの事を話し合いたいと考えている。

◆話し合いたいが話合えていない事（複数回答）
　集計ベース　財産の相続について、話し合いたいが話合えていない人
　　　　　　　（60歳以上、59歳以下ともに）

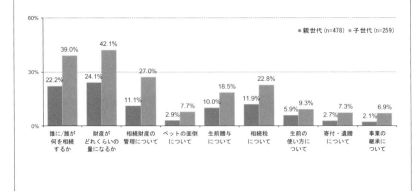

出典：日本財団「遺贈に関する意識調査」2017年

話し合いたいことが子世代（59歳以下）の方が多いが、「親にどれくらいの財産を遺してほしいか」を聞いたところ、6割以上が「あまり多く遺さなくて良い」と考える。親側も同様に「あまり多く遺すつもりはない」が6割以上。子供世代にとって財産を相続すること自体は執着が薄いことが明らかになった。

◆ （親世代）どの程度財産を遺したいか／（子世代）どの程度財産を遺してほしいか（単一回答）
　集計ベース　子供がいる人／親がいる人

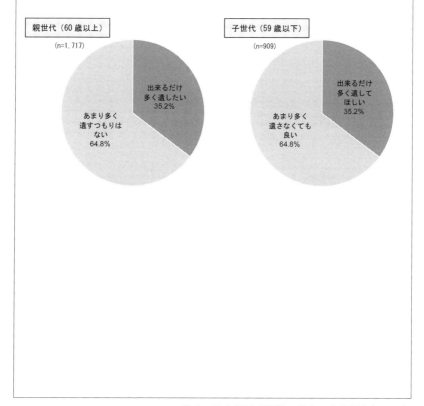

出典：日本財団「遺贈に関する意識調査」2017年

【遺贈寄付の意向と注意点】
■社会貢献団体への遺贈は親世代の5人に1人が前向き。子世代も半数弱は親の意向に賛成。
■相続業務の専門家も、円滑な相続の為には普段から家族との話し合いが必要と指摘。

　親世代（60歳以上）に対し、自身の死後に財産の一部（あるいは全部）を社会貢献のために遺贈したいか聞いたところ、「遺贈するつもり」である人が約2％、「遺贈という言葉は知らなかったが、社会貢献のために何らかの寄付はしたいと思っていた」人が8.6％。「まだ決めていないが興味関心はある」人を加えると、2割強が遺贈を希望する。
　また、子供世代に対し、親が遺贈をすると言い出したらどう思うかを聞いたところ、半数弱は「賛成すると思う」と回答。

◆左：自身の死後、社会貢献のために遺贈したいか（単一回答）
　右：親が遺贈寄付を選択することへの賛否
　集計ベース　左：60歳以上男女　右：59歳以下男女　親がいる人

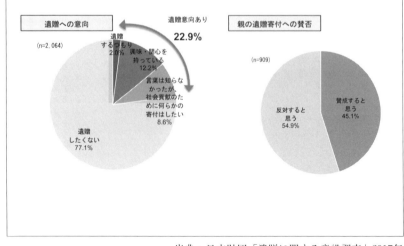

出典：日本財団「遺贈に関する意識調査」2017年

相続トラブルを防ぐために必要だと思うことを聞いたところ、「遺言書作成や財産整理などの事前準備」「専門家のフォローを受けること」に続き、「相続内容について、普段から家族と話し合うこと」も高い。相続トラブルを防ぎ、本人が望む形で財産を相続させるためには、常日頃からの親子間で話し合う必要がある。

◆相続トラブルを防ぐために、必要だと思うこと（3つまで複数回答）
　集計ベース　法律・行政手続き関連業　相続・遺言業務現役従事者

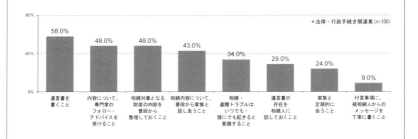

出典：日本財団「遺贈に関する意識調査」2017年

## 資料2 65歳以上の一人暮らしの者の動向

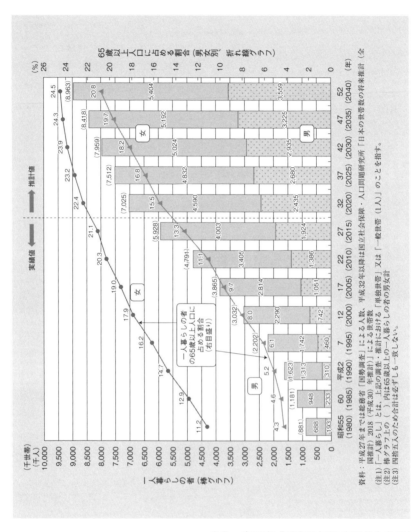

出典：内閣府「平成30年版 高齢社会白書」

# 資料3 世帯属性別にみた貯蓄・負債の状況

Ⅲ 世帯属性別にみた貯蓄・負債の状況

1 世帯主の年齢階級別

（1）世帯主が50歳未満の世帯では負債現在高が貯蓄現在高を上回る

　　二人以上の世帯について世帯主の年齢階級別に1世帯当たり貯蓄現在高をみると，40歳未満の世帯が600万円と最も少なく，60歳以上の各年齢階級では2000万円を超える貯蓄現在高となっている。

　　負債現在高をみると，40歳未満の世帯が1248万円と最も多く，年齢階級が高くなるに従って負債現在高が少なくなっている。また，負債保有世帯の割合は，40～49歳の世帯が65.4%と最も高く，40歳以上の世帯では年齢階級が高くなるに従って割合が低くなっている。

　　純貯蓄額（貯蓄現在高－負債現在高）をみると，50歳以上の各年齢階級では貯蓄現在高が負債現在高を上回っており，70歳以上の世帯の純貯蓄額は2145万円と最も多くなっている。一方，50歳未満の世帯では負債現在高が貯蓄現在高を上回っており，負債超過となっている。

(図Ⅲ－1－1，表Ⅲ－1－1)

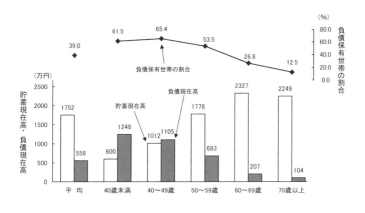

図Ⅲ－1－1　世帯主の年齢階級別貯蓄・負債現在高，負債保有世帯の割合
（二人以上の世帯）－2018年－

出典：総務省「家計調査報告（貯蓄・負債編）－2018（平成30年）平均結果」

表Ⅲ－1－1　世帯主の年齢階級別貯蓄・負債現在高の推移（二人以上の世帯）

| 年次 | 平均 | 40歳未満 | 40~49歳 | 50~59歳 | 60~69歳 | 70歳以上 |
|---|---|---|---|---|---|---|
| 貯蓄現在高（万円） | | | | | | |
| 2013年 | 1739 | 588 | 1049 | 1595 | 2385 | 2385 |
| 2014 | 1798 | 562 | 1030 | 1663 | 2484 | 2452 |
| 2015 | 1805 | 608 | 1024 | 1751 | 2402 | 2389 |
| 2016 | 1820 | 574 | 1065 | 1802 | 2312 | 2446 |
| 2017 | 1812 | 602 | 1074 | 1699 | 2382 | 2385 |
| 2018 | 1752 | 600 | 1012 | 1778 | 2327 | 2249 |
| 対前年増減率（%） | | | | | | |
| 2014年 | 3.4 | -4.4 | -1.8 | 4.3 | 4.2 | 2.8 |
| 2015 | 0.4 | 8.2 | -0.6 | 5.3 | -3.3 | -2.6 |
| 2016 | 0.8 | -5.6 | 4.0 | 2.9 | -3.7 | 2.4 |
| 2017 | -0.4 | 4.9 | 0.8 | -5.7 | 3.0 | -2.5 |
| 2018 | -3.3 | -0.3 | -5.8 | 4.6 | -2.3 | -5.7 |
| 年間収入（万円） | | | | | | |
| 2018年 | 622 | 619 | 756 | 860 | 569 | 422 |
| 貯蓄年収比（貯蓄現在高／年間収入）（%） | | | | | | |
| 2018年 | 281.7 | 96.9 | 133.9 | 206.7 | 409.0 | 532.9 |
| 負債現在高（万円） | | | | | | |
| 2013年 | 499 | 931 | 994 | 607 | 204 | 93 |
| 2014 | 509 | 934 | 1051 | 654 | 213 | 78 |
| 2015 | 499 | 942 | 1068 | 645 | 196 | 83 |
| 2016 | 507 | 1098 | 1047 | 591 | 220 | 90 |
| 2017 | 517 | 1123 | 1055 | 617 | 205 | 121 |
| 2018 | 558 | 1248 | 1105 | 683 | 207 | 104 |

| | | | | | | 対前年増減率 (%) |
|---|---|---|---|---|---|---|
| 2014年 | 2.0 | 0.3 | 5.7 | 7.7 | 4.4 | -16.1 |
| 2015 | -2.0 | 0.9 | 1.6 | -1.4 | -8.0 | 6.4 |
| 2016 | 1.6 | 16.6 | -2.0 | -8.4 | 12.2 | 8.4 |
| 2017 | 2.0 | 2.3 | 0.8 | 4.4 | -6.8 | 34.4 |
| 2018 | 7.9 | 11.1 | 4.7 | 10.7 | 1.0 | -14.0 |
| **住宅・土地のための負債（万円）** | | | | | | |
| 2013年 | 448 | 876 | 923 | 526 | 165 | 70 |
| 2014 | 458 | 883 | 975 | 558 | 178 | 59 |
| 2015 | 446 | 896 | 994 | 536 | 158 | 63 |
| 2016 | 452 | 1041 | 974 | 490 | 182 | 62 |
| 2017 | 463 | 1057 | 988 | 540 | 162 | 86 |
| 2018 | 501 | 1184 | 1031 | 588 | 163 | 75 |
| **負債保有世帯の割合（%）** | | | | | | |
| 2013年 | 38.7 | 56.0 | 61.8 | 54.9 | 25.2 | 12.8 |
| 2014 | 37.8 | 54.9 | 62.3 | 53.1 | 26.1 | 11.8 |
| 2015 | 38.1 | 52.6 | 64.6 | 54.6 | 27.1 | 12.4 |
| 2016 | 37.3 | 57.7 | 62.8 | 52.9 | 27.1 | 11.2 |
| 2017 | 37.5 | 59.3 | 64.8 | 53.2 | 26.3 | 11.4 |
| 2018 | 39.0 | 61.5 | 65.4 | 53.5 | 26.8 | 12.5 |
| **純貯蓄額（貯蓄現在高－負債現在高）（万円）※1** | | | | | | |
| 2013年 | 1240 | -343 | 55 | 988 | 2181 | 2292 |
| 2014 | 1289 | -372 | -21 | 1009 | 2271 | 2374 |
| 2015 | 1306 | -334 | -44 | 1106 | 2206 | 2306 |
| 2016 | 1313 | -524 | 18 | 1211 | 2092 | 2356 |
| 2017 | 1295 | -521 | 19 | 1082 | 2177 | 2264 |
| 2018 | 1194 | -648 | -93 | 1095 | 2120 | 2145 |
| **世帯数分布（%）※2** | | | | | | |
| 2018年 | 100.0 | 11.9 | 19.0 | 18.0 | 22.8 | 28.3 |

※1 マイナスは、負債超過額を示す。
※2 貯蓄・負債編は、貯蓄・負債不詳世帯を除いて集計している。このため、世帯数分布は家計収支編の世帯数分布とは必ずしも一致しない。

出典：総務省「家計調査報告（貯蓄・負債編）－2018（平成30年）平均結果」

## 資料4 遺言公正証書作成件数

　平成30年1月から12月までの1年間に全国で作成された遺言公正証書は、11万471件でした。

　なお、過去10年間の推移は次のとおりです。

| 暦年 | 遺言公正証書作成件数 |
|---|---|
| 平成21年 | 77,878件 |
| 平成22年 | 81,984件 |
| 平成23年 | 78,754件 |
| 平成24年 | 88,156件 |
| 平成25年 | 96,020件 |
| 平成26年 | 104,490件 |
| 平成27年 | 110,778件 |
| 平成28年 | 105,350件 |
| 平成29年 | 110,191件 |
| 平成30年 | 110,471件 |

出典：日本公証人連合会ホームページ

## 資料5 家事審判・調停事件の事件別新受件数 －全家庭裁判所（一部抜粋）

　全家庭裁判所における、平成20年から10年間の「相続の放棄の申述の受理」「遺言書の検認」「遺留分の放棄についての許可」の件数は次のとおりです。

| | 相続の放棄の申述の受理 | 遺言書の検認 | 遺留分の放棄についての許可 |
|---|---|---|---|
| 平成20年 | 148,526件 | 13,632件 | 988件 |
| 平成21年 | 156,419件 | 13,963件 | 1,056件 |
| 平成22年 | 160,293件 | 14,996件 | 1,110件 |
| 平成23年 | 166,463件 | 15,113件 | 1,068件 |
| 平成24年 | 169,300件 | 16,014件 | 1,036件 |
| 平成25年 | 172,936件 | 16,708件 | 1,154件 |
| 平成26年 | 182,082件 | 16,843件 | 1,181件 |
| 平成27年 | 189,296件 | 16,888件 | 1,176件 |
| 平成28年 | 197,656件 | 17,205件 | 1,180件 |
| 平成29年 | 205,909件 | 17,394件 | 1,015件 |

出典：最高裁判所「司法統計年報 家事事件編（平成29年度）」より作成

# あとがき

　本書は、税理士法人FP総合研究所のOB・OG有志が執筆しました。少しでも想いに沿った遺言書を作成し、その想いが円滑に引き継がれることとなるよう、ぜひ、本書をご活用ください。

　第1章では、読者の皆さまが自筆証書遺言を容易に作成できるよう、自筆証書遺言や別紙目録の具体的な見本を掲載しました。これを機に、ぜひとも自筆証書遺言を作成いただけましたら幸いです。
　また、自筆証書遺言を法務局が預かる制度が新設されましたので、制度の背景や概要も併せて解説しています。

　第2章では、遺留分制度の見直しについて改正内容も踏まえその概要と実務上の留意点を解説しています。遺留分については、実務上も質問が多いので、判例や設例、活用方法にも多く紙面を割いています。皆さまの円満な財産・事業承継の一助になれば幸甚です。

　第3章では、新たに設けられた配偶者居住権について、税務面も含めて解説しています。配偶者が住み慣れた環境で生活を続けることができ、また、その後の生活が経済的にも守られるように創設された制度です。

　第4章では、前章までに解説した民法改正以外の遺言に関連する改正について解説しています。高齢化が進み、社会経済情勢が変化していることに対応する改正になっています。

　第5章では、遺言書を作成するに当たって検討しておくべき、税に関する項目について述べています。一般的に、税のことがあまり考慮されていない遺言書が散見されることから、遺言書の作成前にご一読いただき、併せて税の専門家である税理士にもご相談いただくのが望ましいと思います。

第6章では、遺言書を作成する際に気を付けるべき点を挙げました。特徴的なところは、ご夫婦の場合に両者が共に同時に各々の遺言書を作成する点です。また、遺言書ではできない財産の承継の方法について、家族信託を利用した方法を紹介いたしました。

　第7章では、実際に相続が開始してからの税務的対応について述べています。相続は一つとして同じものがなく、様々な事例がありますが、一般の方にとっては人生でそう何度も経験されることではないため、専門家のサポートが必要になります。本書が相続開始後の対応の一助になれば幸いです。

　本書は、毎年恒例となっている「山本先生を囲む会」にて、皆で本を出版しようという山本和義先生の計らいで、山本先生の指導の下、有志が集まって完成に至った温もりのある一冊です。
　このような良きご縁が続く税理士事務所が世の中にたくさんできれば、とても素敵なことと思います。
　素晴らしい機会を与えていただきました山本先生、また、編集のご尽力を賜りましたTKC出版の方々へ、OB・OG一同、心より御礼申し上げます。

令和元年7月<br>
執筆者一同

## 参考資料

- 法務省ホームページ（http://www.moj.go.jp/）
- 裁判所ホームページ（http://www.courts.go.jp/）
- 国税庁ホームページ（http://www.nta.go.jp/）
- 中小企業庁ホームページ（https://www.chusho.meti.go.jp/）
- 日本公証人連合会ホームページ（http://www.koshonin.gr.jp）

## ■監修者・著者略歴

### 山本 和義 （やまもと　かずよし）　　　　　　　　　総監修

大阪市出身。1982年山本和義税理士事務所開業。2004年税理士法人FP総合研究所へ改組、代表社員。2017年税理士法人FP総合研究所を次世代へ事業承継し、新たに税理士法人ファミリィ設立、代表社員に就任。TKC全国会資産対策研究会顧問。資産運用・土地の有効利用並びに相続対策等を中心に、各種の講演会・研修会を企画運営、並びに講師として活動。
著書に、『相続財産がないことの確認』（共著、TKC出版）、『特例事業承継税制の活用実務ガイド』（実務出版）、『タイムリミットで考える相続税対策実践ハンドブック』（清文社）、『設例解説　遺産分割と相続発生後の対策』（共著、大蔵財務協会）など。

### 赤松 和弘 （あかまつ　かずひろ）　　　　　　　　執筆担当：第1章

吹田市出身。1993年FP総合研究所に入所し、2003年に退所、同年赤松税理士事務所開業。2013年Apro's税理士法人設立、医師・歯科医師及び獣医師を担当。TKC全国会医業・会計システム研究会近畿エリア統括リーダー。（公社）日本医業経営コンサルタント協会大阪府支部理事。動物病院開業プロジェクト（通称：APP）講師。

### 石川 勝彦 （いしかわ　かつひこ）　　　　　　　　執筆担当：第2章

八尾市出身。2004年FP総合研究所に入所し、2016年に退所、同年石川勝彦税理士事務所開業。2017年税理士法人ファミリィを設立、代表社員に就任。法人・個人を問わずコンサルタント業務や税務指導、経営助言等を行い、各種セミナー、勉強会等も積極的に開催している。

### 奥西 陽子 （おくにし　ようこ）　　　　　　　執筆担当：第3章、第4章

奈良市出身。2000年FP総合研究所に入所し、2004年に退所。税理士事務所勤務後、2010年奥西税理士事務所開業。中央合同会計事務所パートナーを経て、2018年税理士法人エヴィス設立、代表社員。相続税申告業務、相続対策及び節税対策等の資産税に関する業務に従事。

### 新谷 達也 （しんたに　たつや）　　　　　　　　執筆担当：第5章

静岡市出身。1999年FP総合研究所に入所し、2008年に退所。2009年みどり税理士法人設立。現在、資産家を中心に相続や資産対策のコンサルティングを行う一方、不動産・住宅・金融関係等のセミナー講師や相談会の相談員として活動中。
著書に『はじめての相続税の申告実務と課否判定』（清文社）など。

## 塚本 和美 （つかもと　かずみ）　　　　　　　　　　執筆担当：第5章

京都市出身。2000年FP総合研究所に入所し、2008年に退所。2009年みどり税理士法人設立。現在 資産家を中心に相続や資産対策のコンサルティングを行う一方、不動産・住宅・金融関係等のセミナー講師や相談会の相談員として活動中。
著書に『住宅ローン控除・住宅取得資金贈与のトクする確定申告ガイド』（清文社）など。


## 安東 信裕 （あんどう　のぶひろ）　　　　　　　　　執筆担当：第6章

大阪市出身。1984年山本和義税理士事務所入所、組織変更により税理士法人FP総合研究所に。2009年NPO法人相続相談センターを設立、2010年に西宮に移転。2015年に税理士法人を退所し安東税理士事務所を開業。円満な相続のお手伝いを旗印に、NPO法人相続相談センターで相続相談業務に携わる。


## 野田 暢之 （のだ　のぶゆき）　　　　　　　　　　執筆担当：第7章

寝屋川市出身。2005年税理士法人FP総合研究所に入所。2008年に医業部から資産税部に異動し、相続税申告及び資産税全般に関するコンサルタント業務に従事。2014年に退所。2017年野田暢之税理士事務所設立。2019年株式会社sage設立。


## 東 信吾 （あずま　しんご）　　　　　　　　　　　監修（民法部分）

大阪府出身。民間企業を退社後、税理士法人FP総合研究所にて税理士補助業務に従事。司法試験合格後、税理士法人FP総合研究所を退所。2009年に弁護士登録。2012年に独立開業。東・上田法律事務所代表弁護士。遺言書の作成、遺産分割など相続に関する多数の案件に従事。

## 「遺言があること」の確認
### 遺言実務に関する民法改正の概要と相続対策

| 2019年8月15日　初版第1刷 | 定価（本体2,900円＋税） |
|---|---|

| 監　修 | 山　本　和　義 |
|---|---|
| 執筆者 | 赤松　和弘　安東　信裕 |
| | 石川　勝彦　奥西　陽子 |
| | 新谷　達也　塚本　和美 |
| | 野田　暢之 |
| 監修(民法部分) | 東　　信　吾 |
| 発行所 | 株式会社ＴＫＣ出版 |
| | 〒102-0074 東京都千代田区九段南4-8-8 |
| | 日本YWCA会館4F　　TEL03(3239)0068 |
| 装　丁 | 株式会社グローバル |
| | ブランディングマネジメント |
| 印　刷 | 東京ラインプリンタ印刷株式会社 |

ⒸKazuyoshi Yamamoto, Kazuhiro Akamatsu, Nobuhiro Ando, Katsuhiko Ishikawa, Yoko Okunishi, Tatsuya Shintani, Kazumi Tsukamoto, Nobuyuki Noda, Shingo Azuma 2019 Printed in Japan
落丁・乱丁本はお取り替えいたします。
ISBN 978-4-905467-51-9　C2032